法學緒論

謝政道◎著

序

　　本書的編排，乃根據筆者多年執教「法學緒論」所得之經驗而來，教材內容主要適用於大專程度以上的學生。期望能經由一個學期的課程，讓學生掌握到法律的主要內涵，並養成法治精神。

　　所謂「法治精神」，即統治者依法行政，被統治者依法行事。當然，這在理論上是淺顯易懂的道理，可是落實於現實生活，卻往往並不簡單。分析其原因，不外於社會中的部分人知法卻玩法弄權，部分人不知法而觸法並不自知，造成社會的糾紛不斷。要改善這樣的情形，唯有落實法治教育，讓人人知法、守法，並懂得主動地利用法律去維護自己的權利及善盡自己應盡的義務；如此，社會才能和諧地發展。

　　最後，要感謝同仁王迺宇與丁世傑在本書的撰寫過程中，所不斷給予的批評與建議，以及揚智文化公司的鼎力支持，才能使本書順利付梓。在此，謹向他們致上深深的謝意！

謝政道　謹識

法學緒論（Introduction to the Study of Law）簡介

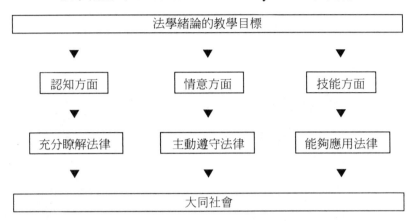

目　錄

第一章 法律的概念

第一節　法律的定義

所謂「法律」，《爾雅釋詁》稱：「法，常也」，故含規範整齊及治罪處罰之作用；《說文解字》稱：「律，均布也」，故含天下歸一之意義。簡言之，法律乃適用於所有人的規範，從而區分法治與非法治社會的差別。

蓋非法治社會由於缺乏法規範，故人人依個人之「私權力」[1]（private power）為之，實屬弱肉強食，因而與原始社會無異。而法治社會由於具備法規範[2]，故人人依法行事，並基於法律賦予的權利（rights），使權利人在「公權力」[3]（public power）的支持下，有權力（power）去行使對某人、某事或某物的控制權。其要旨分析如次：

一、法律乃社會生活的規範

人類共營社會生活，社會生活即是團體生活，團體生活中個人與個人、個人與團體、次級團體與次級團體之間難免產生利害衝突，故藉由法律樹立規範，協調及仲裁各種利害，俾使所有團體成員知所適從，以維持社會秩序，共度和諧生活。

二、法律乃強制實行的規範

社會規範有「強制規範」與「任意規範」兩種。法律屬於強制規範，違反法律，則受身體或財產上的制裁；宗教、道德

屬於任意規範，違反宗教、道德，通常僅受精神上的譴責。

三、法律乃依公權力強制執行的規範

　　法律由掌握立法公權力（國會）的機關通過，並交由掌握行政公權力（譬如警察局）的機關執行，或藉由掌握司法公權力（譬如法院）的機關仲裁，並以強制執行為手段，俾保障民眾合法權益。

第二節　法律的目的

　　法律為社會規範，旨在透過公權力維持社會秩序，蓋社會若缺乏秩序，則人類生活無以發展，故秩序乃法律之首要目的所在。而人類社會生活日趨複雜，基於人類社會生活需要，各種法律因應而生，並各具其特殊目的與內容。譬如《少年福利法》第 1 條規定：「為增進少年福利，健全少年身心發展，提高父母及監護人對少年之責任感，特制定本法。」《大學法》第 1 條規定：「大學以研究學術，培育人才，提升文化，服務社會，促進國家發展為宗旨。」《著作權法》第 1 條規定：「為保障著作人著作權益，調和社會公共利益，促進國家文化發展，特制定本法。」凡此均在說明每一種法律都有其社會目的[1]，但除了這種個別目的之外，尚有一種廣泛為法律整體所追求之目的，即實現正義。所謂「正義」（justice），旨在根據法律事實，對相同的法律事件，做相同的處置；對不同的法律事件，做不同的處置，以達公平原則。（Hart, 1996:155-65；沈宗靈，

1994：125-38；洪遜欣，1991：270-80）茲簡述如次：

一、「正義」的實現必以事實爲基礎

所謂「事實」，即指確有其事，其事可發生於過去、現在或未來（預謀行爲）。一旦法律與事實相結合，必形成相互間的關係。此種關係稱爲「法律關係」；此種事實，稱爲「法律事實」；換言之，法律事實乃發生法律關係的原因，二者結合所發生的結果，稱爲「法律效力」。法律效力，就民事言，即權利義務的發生、變更或消滅；就刑事言，即爲罪刑的構成；就廣義的行政言，即發生各有關法律所規定的效力。

通常法律事實肇因於法律主體（自然人或法人）的行爲（包括作爲或不作爲），與其他的法律個體（可能是法律主體或法律客體）產生「法律關係」，進而延伸出法律效力。例如「乙向甲借錢」，則乙向甲借錢的行爲即構成法律上的借貸行爲；經由這樣的借貸行爲，而使兩人產生法律上的借貸關係，從而形成甲是乙的債權人，乙是甲的債務人的法律上的借貸事實，並進一步地產生法律效力，即甲可依法向乙要求償還乙所欠的債務，乙不得無故拒絕。當然，前述之法律事實通常必須經由一種或一種以上的證據（直接證據或間接證據）加以證明，才能產生有效的法律效力。由此可見，證據在法律上的重要性，故常言舉證之所在，乃勝訴之所在，亦敗訴之所在，其原因在此。

二、「正義」的實現必以公平為原則

　　所謂「公平」（黃茂榮，1982：104-7），即指法官面對相同
的法律事件，應做相同的判決，對不同的法律事件，應做不同
的判決。前者譬如：甲因強姦並殺害丙，被判「死刑」；乙也
強姦並殺害丙，亦應被判「死刑」。後者譬如：甲因強姦並殺害
丙，被判死刑；乙因正當防衛殺死丙，則判無罪。然法律事實
的真相常隱而難現，此乃法律主體（自然人）的行為乃由相當
複雜的因素所形構而成；復以法律主體（自然人）的「內在動
機」（motivation）和其「外顯行為」（manifest behavior）[5]未必
表現一致，而必須借助科學技術加以檢測並驗證，以拼湊出法
律事實的原貌。例如甲欲知乙是否為其親生子嗣，則可用
DNA[6]加以鑑定便知。但現今的科學技術並非全然無誤，例如以
測謊器檢測甲是否說謊，其結果並不保證百分之百無誤，故以
之做為法律事實的證據，往往會產生誤差，這都是執法者在適
用法律，做出判決的過程中必須詳加考量的因素。總而言之，
「對相同的法律事件，應做相同的判決，對不同的法律事件，應
做不同的判決」在理論上正確無誤，但落實於實務上，則有相
當程度的困難，惟此乃執法者應致力追求的目標。

第三節　法律的性質

　　法律的目的既在求得正義；為此，法律必須具備明確性、
安定性與可行性，俾使人人皆能知法、守法。蓋法律規定不清

不楚，則人民不知所措；法律規定朝令夕改，則人民無所適從；法律規定陳義太高，則形同具文。故法律應具備下列條件：

一、法津必湏具備明確性

法律必須規範明確，此乃法治國家為了保障人民（被統治者）權利，而必須藉由「法」明確地規定政府（統治者）的權限，俾使人民有可能預測國家行為的發展。（洪遜欣，1991：398-404）至於，現實生活中之所以會有為數甚多的不確定法律概念存在，通常是由於立法者無法掌握社會未來發展，而採「概括條款」（不確定的法律概念）方式加以規範，以防止法律因趕不上社會需求，而無法適用。如《民法》第72條的「公序良俗」、第148條第2項的「誠實信用原則」等，皆屬不確定的法律概念。屆時再由執法者透過法律解釋的方式，使不確定的法律概念能具體明確地適用。惟不確定法律概念的解釋，沒有絕對的方法可供依循，故須具備相當的法學素養，方足以勝任；通常解釋時，須依實際情形將不確定法律概念類型化，類型化時常須參酌判例或學理等方法，而令不確定法律概念清楚明確，俾使法律能妥當地適用於現實生活。

二、法津必湏具備安定性

即法律不得輕易變更，此乃民主國家之法律不外保障人民的權利與規範政府體制，使政府（統治者）在法律的規範下行動，而不致流於專制。為使法律對統治者的行為產生規範作

用，法律應當具備安定性，讓統治者不能輕易變更，俾使統治者與被統治者皆能習於法律規範，進而養成遵循法律的精神。但法律係因應人類社會的需要而產生，自當因應人類社會的需要而修改，故凡屬法律成文國家莫不規定法律修改程序，以適應人類社會變遷的需要。然法律的修改並非全無限制，而是必須依循法理為之；也就是說，法律的修改必須具備合法性（legality）與正當性（legitimacy）。所謂「合法性」，意指法律的修改必須在程序上，符合現行法律或法令的規範，故判定較易。當統治者因法律規範對其施政產生不便，而未按法律修改程序為之，則明顯違法，即或人民暫時屈於統治者的武力威嚇而沉默不語，但從法理論之，人民實可在內心告訴自己，統治者的合法性已絲毫不存，一旦時機來臨，必推翻此一違法政權，此乃所謂「抵抗權」概念之由來。（陳新民，1988：143-73）所謂「正當性」，意指合乎法律修改程序所修訂的內容或法律所未規範（如憲政慣例）而新增的內容，能否為社會上大多數人所認同，而這份認同，往往來自人類感性與理性的判斷，故判定較難。例如美國總統華盛頓拒絕第三任總統的提名，而形成往後美國總統連選得連任一次的憲政慣例（後始經憲法增補規範），即當時法律未規範，但符合正當性；又如政府未經立法程序而宣布沒收少數富人財產，並將之分配給多數窮人，則是缺乏合法性，符合正當性。換言之，「正當性」的判定標準在於法律（法律屬之）的制定、修改與廢止，其所造成的實質改變是否符合社會大眾的期待而定，只要這項改變符合社會大眾的期待，便符合正當性（未必具有合法性）。（謝政道，2001：492-4）

三、法律必須具備可行性

　　法律必須能夠履行，此乃法律之內容如何完美無缺，如果無從落實於人類實際生活，亦屬無用。蓋法律不外創設權利義務關係，創設時應考慮的要素有三：其一，就空間而言：法律能否在大小不同的領域、人口與各種不同地形、天候等環境條件下，均能發揮其功能；其二，就時間而言：法律能否在時代思潮巨輪的轉動中，繼續滿足人類各式各樣的需求而不被淘汰；其三，就人性而言：要考慮的便是任何法律，都要靠人來運作，始生效用。所以在制度的設計上要注重人性的現實面，而不可太過理想化、道德化。（謝政道，1999：187）

　　有謂惡法可以不必遵守，但民主法治社會下，「惡法亦法」，當然必須遵守。通常此類惡法於當初制定時是善法，隨時間變遷而不符社會大眾的需求，而淪為惡法。惟民主法治社會下，惡法必因應社會大眾的期待而修改成善法，因為統治者深知若不能順應民意的需要，則必然於下次選舉時，成為被統治者。（謝政道，2001：493）

第四節　法律的位階

　　一般民主法治國家所稱之「法律」，實為泛稱。實則「法律」依其制定機關、制定程序等種種因素之不同，而分成憲法、法律與命令三個等級（**圖1-1**）。通常憲法乃所有法令的基本規範，法令乃兼指法律及命令，並由公權力強制實行。茲就中華

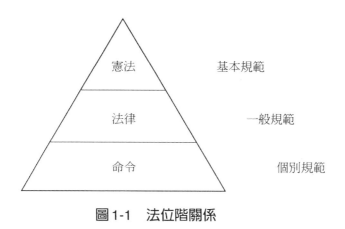

圖1-1　法位階關係

民國法律之規定，分述如次：

一、憲法

　　近代民主法國家莫不存有憲法，以為其立國的基本法則。憲法乃對國家基本組織、人民權利義務及基本國策做原則性、根本性的規範。其特性如次：

（一）至高性

　　憲法在國家所有法規中居於最高之地位，具有最高之效力，任何法規均不得違反憲法，其他如行政行為、司法行為及緊急命令等，亦均不得違反憲法。

（二）固定性

　　憲法為國家之根本大法，不容輕易變更，故就其修改之法定程序往往較普通法律困難。

（三）適應性

憲法條文大多為原則性、大綱性或概括性的規定，而與普通法律恆為詳密之規定者不同，故富於彈性，較能因應人類社會生活之需要，而無須常常修訂。

（四）妥協性

憲法往往是國內各種政治力妥協的結果，並非純出於法理。制憲或修憲者來自各種不同的政黨與團體，代表各種不同的利益，故憲法的制定，常需要經過辯論、協調與折衷，故許多條文常是各種政治力妥協的結果。

二、法律

法律乃根據憲法或在不牴觸憲法的情況下，做一般性的規範。根據我國《中央法規標準法》第2條的規定：「法律得定名為法、律、條例、或通則。」所以法律的定名以「法」、「律」、「條例」、「通則」四種名稱為限。反之，若非法律，即不得使用這四種名稱。惟在何種情形，始得定名為「法」，或「律」，或「條例」，或「通則」，並無明確規定，亦無具體標準可資依循。惟就學理及立法慣例探究，其標準大致如次：

（一）法

凡法律所規定之事項，具有全國性、普遍性、一般性、長期性或基本性事項之規定者，均得定名為「法」。故法的名稱，使用最為普遍，例如《民法》、《刑法》。

（二）律

律與法的意義本屬相同，惟《易經》所載：「師出以律，失律凶也。」其後演變的結果，律字便含有「正刑定罪」的意思，故凡屬軍事性質之罪刑較爲嚴峻者，大抵定名爲「律」；換言之，凡屬戰時軍事機關特殊事項之規定者稱律，例如《戰時軍律》。

（三）條例

法律在何種情形，始定名爲「條例」，並無明顯的標準，但多屬下列兩種：

1 就法律已規定之事項而爲特別規定、暫時規定、補充規定或就特殊事項而爲規定者；換言之，依據母法所制定的子法，其子法多定名爲條例，例如：《臺北市議會組織自治條例》、《行政院衛生署管制藥品管理局組織條例》。

2 屬於地域性、專門性、特殊性或臨時性事項的規定者，例如：《兒童及少年性交易防制條例》、《科學工業園區設置管理條例》、《毒品危害防制條例》。

（四）通則

凡法律所規定的事項，僅爲原則性或共同性的規定，另尚須根據這種法律，以分別制定各項法規者，皆得定名爲「通則」；簡言之，通則即屬同類性質事項所共同適用的原則或組織規範。例如《省縣自治通則》爲法律，據此，省得召集省民

代表大會，依據《省縣自治通則》，制定《省自治法》；縣得召集縣民代表大會，依據《省縣自治通則》，制定《縣自治法》。

三、命令

依現行法律規定，關於單純的命令，得叫做一個「令」字，例如公布法令、任免官吏及上級機關對於所屬下級機關有所訓飭或指示時所用的指令，即單獨叫做「令」。若是屬於法規性質的命令，則得依其性質，稱「規程」、「規則」、「細則」、「辦法」、「綱要」、「標準」或「準則」，並得概稱為「規章」。此外，命令和「處分」，有時很難區別；一般而言，命令是抽象的或對於一般的意思表示，處分則是根據命令對於特定事件所為的具體處理。

（一）命令的意義

1、命令是公的意思表示

就法律觀點而言，命令是上級公務機關或上級公務員基於職權所為的意思表達。這種意思表達便是公的意思表示。這種公的意思表示，是對其所屬之下級機關、所屬之下級公務員，乃至於本國人民發布。

2、命令通常為強制實行的意思表示

命令是公的意思表示，通常帶有強制性，故上級機關對於下級機關、上級公務員對於下級公務員或是公務機關對於人民所發布的命令，必產生強制作用；否則，命令無異形同具文。然而，公的意思表示並不全屬強制實行的意思表示，例如上級

機關可對於下級機關宣達節約用電，或公務機關可對於人民宣達防颱防災觀念，凡此皆屬公的意思表示，但僅為政令宣導，並不以強制實行為其要件。

3、命令是以公權力強制實行的意思表示

當公務機關或公務員基於法令所賦予的職權而發布命令，即為公的意思表示。凡此類公的意思表示必基於公權力的支持而強制實行。

(二) 命令效力的例外

命令乃基於公權力而強制實行的意思表示，所以具有強制和拘束的效力。故凡屬上級公務機關就其職權範圍內對所屬下級公務機關或人民所頒發的命令，則其所屬下級公務機關或人民即有服從的義務，並負有作為或不作為的義務。但以下情形例外：

1、命令與憲法或法律牴觸者無效

命令通常乃在為憲法或法律作更詳盡的規範，或在不牴觸憲法或法律的規範下，做個別性的規範。[17]換言之，命令不得牴觸憲法或法律（《中央法規標準法》第 11 條前段），命令與憲法或法律牴觸者無效（《憲法》第 172 條）；反之，命令若是與憲法或法律並無牴觸，則自然發生效力；但是根據憲法所頒發的緊急命令，則可以牴觸法律，惟仍不得牴觸憲法。一般而言，行政機關所頒布之命令，其作用如次：

1 補充規定：即以命令補充法律所未規定的事項。

2 解釋規定：即於命令中，就法律用語，加以解釋。

3 程序規定：即於命令中，規定法律實施之程序。

4 經過規定：即於命令中，規定某法律公布以前發生之事項，應如何處理。

5 例外規定：即對於法律的原則規定，由命令就特定的人、事、時、地、物，為例外之規定。

2、下級機關對於上級機關所發的命令，得陳述意見

下級機關訂定的命令[8]，不得牴觸上級機關的命令（《中央法規標準法》第11條後段），但是下級機關對於上級機關所發布的命令，或是公務人員對於長官所發布的命令，如有意見，得隨時陳述。

3、下級機關對兩個以上的上級機關所同時發布的命令，應以層級較高之上級機關的命令為準

例如縣政府對省政府和行政院同時所發布的命令，並就同一事項作不同的指示時，應以行政院的命令為準。同理，主屬上級機關和非主屬上級機關同時所發布的命令，以主屬上級機關的命令為準：主屬長官和非主屬長官同時所發布的命令，以主屬長官的命令為準。

4、人民對於行政機關所發布的處分，得請求救濟

人民對於行政機關所發布的處分（通常是根據命令對於特定事件所為的具體處理），如有不服時，可以採取請願、訴願，或提起行政訴訟等方法，以資救濟。

（三）命令的定名

1、以命令形式做為分類標準

(1)單純命令

　　指命令的形式不具有法律一樣的條文規定，只是單純對於某事件做宣告或指示而言，例如現在各機關公布法令、任免官吏及上級機關對於其所屬下級機關有所訓飭或指示時所用的令。

(2)法規命令

　　指命令的形式具有法律一樣的條文規定，且往往對於人民發生強制拘束的效力，例如規程、規則、細則、辦法、綱要、標準或準則，茲分述如下：

■規程：凡關於各機關之組織、編制或處理事務程序的規定，稱「規程」。例如：《行政院國家科學委員會法規委員會組織規程》、《行政院人事行政局法規委員會組織規程》。

■規則：凡關於各機關執行法令或處理業務的規定，稱「規則」。例如：《專門職業及技術人員高等考試中醫師考試規則》、《公務人員請假規則》。

■細則：凡關於各機關就法規之特定範圍內，為詳細的規定者，稱「細則」。例如：《國籍法施行細則》、《都市計畫法臺灣省施行細則》。

■辦法：凡關於各機關執行法令時，依規定職權所訂定的方法，稱「辦法」。例如：《考試院考銓獎章頒給辦法》、《中央政府中程計畫預算編製辦法》。

5 綱要：凡關於各機關處理業務為提綱挈領或大體概要的規定者，稱「綱要」。例如：《臺北市各級組織及實施地方自治綱要》、《國家安全會議組織綱要》。

6 標準：凡關於各機關就某種業務確立尺度、規格或條件者，稱「標準」。例如：《替代役役男傷殘等級檢定區分標準》、《藥害救濟給付標準》。

7 準則：凡關於各機關就某種業務，明定準繩範式或程序者，稱「準則」。例如：《高雄市政府所屬各機關學校辦理法制作業程序準則》、《直轄市公立就業服務機關設置準則》。

2、以命令性質做為分類標準

(1)委任命令

乃各機關根據法律明文規定，所發布的命令。例如法律條文中每有「本法施行細則，由其某機關定之」；又如法律規定「關於某某辦法另訂之」，則該機關根據這些條文所制定的細則或辦法，其性質便屬「委任命令」。此種命令的發布，乃基於法律上的授權，故又稱「委任立法」，此即《中央法規標準法》第7條所規定之「各機關基於法律授權訂定之命令」。

(2)執行命令

乃各機關本其固有職權，不待法律明文的委任，得逕行發布命令，以為法律之執行。例如因執行法律而訂定細則，因執行法律而另訂補充辦法，這種細則或辦法，其性質便是一種執行命令。此即《中央法規標準法》第7條規定「各機關依其法定職權訂定之命令」。

(3)緊急命令

乃國家遭遇緊急事變，必須作急速處分，而議會又逢閉會期間內，乃由國家元首發布緊急命令以代替法律。故緊急命令又稱「替代法律的命令」，其效力與法律相等，並可變更法律、牴觸法律與停止法律的適用。通常，緊急命令的頒布必須根據憲法明文規定，始得為之，一般行政機關並無該項職權。此外，緊急命令在議會集會後，仍須得議會的追認；若不於法定期限追認，立即失效，以防行政部門濫權。

（四）命令與法律的關係

法律和命令的關係密切，故常以「法令」通稱，茲詳述如次：

1、法律必須透過命令公布生效

法律雖經制定，但必須發布公布法律的命令，始生效力。

2、命令必須根據法律而來

即命令乃基於法律的授權而產生，例如根據法律而訂定該法律的「施行細則」；依此，法律是母法，具命令性質的細則，便是子法。

3、命令補充法律的不足

當法律所規定的事項不完備，各行政機關得在其法定職權範圍內，發布命令，以補充法律之不足。

4、命令不得牴觸法律

即一般的命令不得違反、變更或牴觸法律，否則無效；換言之，命令必須在法律所許可的範圍以內，始具有效力。

5、命令適用法律所適用的原則

　　法律所適用的原則，命令亦常準用之。例如法律關於人、事、時、地、物的效力，或「法律不溯既往」、「後法優於前法」等原則，命令亦適用之。

(五) 命令與法律的區別

1、定名不同

　　法律得稱為法、律、條例與通則四種（《中央法規標準法》第2條），命令得稱為規程、規則、細則、辦法、綱要、標準或準則七種（《中央法規標準法》第3條），故規定明確，不致混淆。惟「創制複決二權行使辦法」所稱的「辦法」，與命令所稱之辦法不同；雖同稱為「辦法」，前者係由國民大會制定，具有憲法的效力，後者為一般行政機關所制定，屬於行政命令。

2、內容不同

　　重要事項必須以法律加以規定者，不得以命令定之（《中央法規標準法》第5條）：

■1憲法或法律有明文規定者：
　　①憲法：例如各種選舉應規定婦女當選名額，其辦法以法律定之。
　　②法律：例如《消費者保護法》第3條第2項規定，政府應制定相關法律，以保護消費者利益。
■2關於人民的權利義務：例如人民自由權的必要限制（《憲法》第23條），須以法律訂定之。
■3關於國家各機關的組織，須以法律訂定之。（《憲法》第

61、76、82、89、106條)

4 其他重要事項，應以法律定之(重要與否由各機關視情況決定)。

3、效力不同

應以法律規定的事項，不得任意改用命令(《中央法規標準法》第6條)，否則無效。法律不得與憲法牴觸，命令不得與法律牴觸，否則無效(《中央法規標準法》第11條)。同理，命令不得牴觸憲法。

各機關發布的命令，不得違反、變更或牴觸法律，命令與法律牴觸者無效，故法律的效力較強，命令的效力較弱。但是國家元首根據憲法所頒布之緊急命令，則可變更或牴觸法律，是為例外。

4、制定機關不同

法律必須由立法機關制定，非立法機關即無制定法律之權，目前中華民國最高立法機關為立法院，故中華民國法律應經立法院通過，總統公布之程序。至於法律的修正或廢止，亦必須經過立法院通過，總統公布之程序。

命令乃各機關基於法定職權或授權訂定，訂定以後，應視其性質分別下達或發布，並送立法院備查。至於命令的修正或廢止，則由有權發布的機關，修正或廢止其命令。

5、制定程序不同

法律的制定，先由立法委員提案，或由有權機關提案送請立法院審議，再由立法院經過審查、讀會、討論、表決、通過，總統公布之法定程序，始得成為法律。至於行政機關對命

令的訂定，則應公告、發布，或下達、發布（《行政程序法》第154條、第157條、第160條）。

6、公布程序不同

法律經立法院通過後，須經總統公布，始生效力。總統公布法律時，並須經行政院院長副署或行政院院長及相關部會首長副署，始能生效。一般行政機關發布命令，無須經前述的繁複程序，便可實施。但總統依憲法所發布之緊急命令，仍須依照法律副署程序辦理。另根據憲法及中央法規標準法有關法律及命令的規定，對於法律用「公布」字樣，對於命令則用「發布」字樣，以示二者區別。

7、規定事項不同

依照《中央法規標準法》第5條規定，下列事項，應以法律定之[9]：A.憲法或法律有明文規定應以法律定之者；B.關於人民權利義務者；C.關於國家各機關之組織者；D.其他重要事項之應以法律定之者。《中央法規標準法》第6條復規定：「應以法律規定之事項，不得以命令定之。」換言之，必須用法律規定的事項，即不得以命令代替法律而爲規定，所以法律與命令規定的事項，並不相同。

第五節 法律與其他社會現象

一、法律與政治

依政治理論端視民主法治的發展，乃先由人民用集體的私權力（people's power）成立民主共和體制，取得主權在民的象徵意義。然後用政治創造憲法，憲法規範人民（被統治者）與政府（統治者）的權利義務關係，並由權利延伸出權力，由義務延伸出責任。此時憲法規範政治，所以人民的權力（people's power）在法的作用下轉化成人民的權利（people's right），如生存權、平等權、自由權、受益權與參政權，這些權利皆受公權力的保障。蓋分析各國憲法的內容不外保障人民的權利與規範政府體制，使政府（統治者）在憲法規範之下行動，而不致流於專制；換言之，在民主制度下，政府為統治者，人民為被統治者。但政府乃由人民中的部分人民組成，而這批組成政府並成為統治者的部分人民，其合法性與正當性又來自全體人民，即被統治者的多數同意。一旦統治者不能獲得被統治者的支持，則會由被統治者之中的部分人民取代，並成為新的統治者，而原先的統治者則淪為被統治者的角色。因為在一個真正的民主法治社會之中，多數與少數的關係並非一成不變。少數可經由溝通與說服等方式而成為多數。例如，多數人主張甲案，少數人主張乙案，則少數服從多數。這是指在政策抉擇上的讓步，但每個人的權利仍是平等。在執行多數人同意的甲案

後，其造成的結果是由全體成員共同承擔，而非由少數一方或多數一方來分別承擔。當然，若甲案的結果是造成善果的話，則在下次的決議或選舉中，自然又較爲多數人所支持，反之若造成惡果，則會使原多數人中的部分成員轉而投向原來少數人的陣營，而使原本的少數人成爲多數人。所以民主制度是一種開放的政治系統，衝突在此可被轉化成競爭，競爭又可因爲制度結構的關係而以和平的方式進行，此乃民主政治之常理。（謝政道，1999：199）

二、法律與經濟

(一) 經濟創造法律制度

經濟乃人類社會活動的主軸，經濟的本質在於「交換」（exchange），即人類彼此間以有易無，互通有無的行爲過程，而進行這種交換行爲的場所，稱爲「市場」（market）。分析人類歷史的發展過程，經濟與法律便藉由市場秩序的形成與維持而產生交集。蓋任何交換的前提，必定是參與交易的人（法律主體）各自擁有一些物資（法律客體），而這類物資會由最初之事實上的占有，逐漸發展成法律上的占有，財產權的概念據而形成，進而延伸出「所有權」（即指法律主體對其所擁有的法律客體具有權利能力）、支配權、管理權、收益權等法律概念。

(二) 法律規範經濟生活

當財產權制度日趨健全之後，法律便更進一步地對市場的各種經濟行爲提供規範。市場的經濟活動不外法律主體對其所

擁有的法律客體透過各種方式與其他法律主體對其所擁有的法律客體進行交換,以相互滿足彼此需求。而此類交換行為,通常是經由彼此的協定合意而成,最終以契約型式展現,此即法律規範人類經濟生活的肇端(Cotterrell, 1991: 85-90)。現今法律規範經濟生活的目的不外:

1 提供司法保障,以解決因履行契約及各種侵權行為所產生的糾紛。

2 平衡社會利益,以法律維持公平的競爭秩序,以防止不公平的競爭行為產生(反壟斷)。

3 創設集體行為制度(工會、商會等),以法律規範勞資關係,解決勞資衝突,俾維持社會的和諧穩定發展,凡此皆為法律規範經濟生活的顯例。

三、法律與道德

法律與道德的區別如次,並例舉如**表 1-1**。

(一) 性質不同

法律常因統治者所採政策不同,得因時、因地、因人而異,故受時空的限制。道德則具永恆性與普遍性(如自由、平等),為全人類所共同承認,因而超越時空的限制,放諸天下而皆準。

(二) 範圍不同

道德的範圍遍及人類生活的全部,但法律只選擇重要的道

表 1-1　法律與道德的區別實例

法律	道德	說明
允許	允許	正當防衛（《民法》第149條） 扶養父母（《民法》第1114條）
禁止	允許	毆打不孝順父母的人（《刑法》第279條） 藏匿犯罪親人（《刑法》第167條）
允許	禁止	結婚時不能人道，一方得向法院撤銷婚姻（《民法》第995條） 夫債妻不還（《民法》第1023條）
禁止	禁止	無故開拆他人信函（《刑法》第315條） 公然侮辱（《刑法》第309條）
放任	禁止	時效取得他人的動產或不動產（《民法》第768-770條） 未婚生子（《民法》第1064條）

德加以規範，故法律爲最低限度的道德。

（三）制裁不同

　　法律屬強制規範，故違反法律，則受公權力的制裁。法律責任常因權利、義務關係而生，若無法律責任，則不受法律制裁。道德屬任意規範，並發乎內心，故違反道德，只受良心或一般輿論的譴責，其效果因人而異。

四、法律與宗教

（一）宗教的特性

　　❶宗教有最高主宰：神對教徒而言，其威權至高無上，甚

至超越世俗法律的規範。

2 **宗教有賞罰制裁**：宗教制裁訴諸精神，且多以來世爲訴
求（好人上天堂，壞人下地獄）。法律制裁則以物質爲主
（損害賠償，殺人償命），並以現世爲訴求。

3 **宗教有理論依據**：宗教通常具有理論體系，以啓發教
徒。法律發展受宗教理論影響頗多，諸如人的出生、死
亡、婚姻制度等，皆沿襲宗教的規範而來（Berman,
1991: 94-125）。

（二）法律與宗教的區別

法律與宗教的區別如次，並例舉如**表1-2**。

1 **性質不同**：宗教以神爲仲裁者，法律以人（法官）爲仲
裁者。

表1-2　法律與宗教的區別實例

法律	宗教	說明
允許	允許	結婚要式行爲（《民法》第982條） 講誠實信用（《民法》第148條）
禁止	允許	摩門教教徒一夫多妻（《民法》第985條、《刑法》第237條） 殺人祭神（《刑法》第271條）
允許	禁止	婦女合法墮胎（《優生保健法》第9條） 天主教徒的夫妻打算離婚（《民法》第1049條）
禁止	禁止	不得褻瀆神祇、廟堂（《刑法》第246條） 做僞證（《刑法》第168條）
放任	禁止	和尚結婚（《民法》第972條） 回教徒吃豬肉（《刑法》第1條）

2 對象不同：宗教以教徒爲對象，以感化全人類爲最終目
標。法律以國家領域內的人民及領域外的本國人爲對
象，以刑期無刑爲最終目標。

3 制裁不同：法律制裁的時間爲現時，方法爲刑罰或損害
賠償；宗教制裁的時間爲將來，方法爲精神懲處。

註釋

[1]權力（power）：若甲能促使乙去做甲要乙做的事，即指甲對乙有權
力。因此，權力是一種關係的概念，只存在於二人或二人以上的關係
之中。其次，權力是指甲對乙行使控制權，並側重高壓力量。而且應
以客觀權力的認定爲主，如「實質權力」、「運用權力」與「強制權
力」。總之，甲必須有所行動（通常透過己身力量的展現），經由武力
（拳頭）的懲罰，使對方屈從，才能完全證明甲對乙有權力；因爲權力
一旦脫離客觀層面，則容易流於主觀。這並不是說主觀權力並不存
在，而是容易和影響力（influence）、權威（authority）等概念混淆。

[2]就此而言，法律是指全體社會成員經由契約而形成彼此之間的權利義
務規範，從而限制個人私權力的運作（只有在正當防衛或緊急避難等
情況下才能直接行使），藉由納稅（義務）以供養執法者（公權力），
以換取執法者（公權力）對其權利的保障。

[3]公權力：即指統治者能促使被統治者去做統治者要被統治者做的事
（包括作爲與不作爲）。

[4]有些以明示的方式規定於法條之中，有些雖未明示，但從其內容，亦
可瞭解其制定的目的，這種個別的目的，需要深究才能瞭解。

[5]外顯行爲：指表現在外，可由觀察者直接觀察的行爲。

[6]DNA（deoxyribonucleic acid）：中文學名為「去氧核糖核酸」，指所有活的有機物體中，儲存遺傳資訊的生物性聚合物，並由兩條線形分子互相纏繞而構成一個雙股螺旋體。可用於鑑別生物的基因，以確定其來源。詳Coleman, Howard & Swenson, Eric著，何美瑩譯（1999），《法庭上的DNA》，臺北市：商周。

[7]此乃所謂「法律優越原則」，即法律在命令之上，命令違反法律無效。

[8]法律之創制，稱「制定」；命令之創制，稱「訂定」。

[9]此乃所謂「法律保留原則」，即某些事項，僅能以法律規定，而不能以命令定之。

第二章　法律的內涵

第一節 權利

一、權利的意義

權利乃法律賦予特定人得享受利益的法律實力。

（一）權利的主體為特定人

所謂「特定人」，為法律規定得享受權利的人。蓋並非所有人皆可享有各種權利，譬如《著作權法》第10條規定：「著作人於著作完成時享有著作權。」換言之，只有著作人才能享有其著作之著作權，而他人不得侵害之。

特定人非必為一人，故多數人亦無礙為特定人，例如數人對於一物享有共同所有權而成為「共有」[1]。

（二）權利為法律所保障的利益

利益通常具有價值，並可概分為有形價值與無形價值。有形價值大多可加以衡量，如物權可經由交換行為，產生經濟效用。無形價值則較難量化，但重要性不遜有形價值，如人格權雖未必具有經濟效用，惟更受許多人重視，故亦屬權利的標的。

（三）權利為得享受利益的法律實力

「權利」乃法律保障而得藉國家權力加以實現的利益，如財

產權、人格權、債權等權利，皆受法律保障，但請求權罹於時
效而消滅時，法律不再保障其利益[2]。但債務人願意給付，自為
法律所許可。（施啟揚，1996：23-4）

二、權利的對象

（一）權利的主體

即指在法律上得享有權利的人。法律將人分為「自然人」
與「法人」，茲分述如次：

1、自然人

(1)意義

乃指出生於母體，生存於社會的人。自然人不僅為私法上
的權利主體，亦為公法上的權利主體。

(2)自然人在法律上的能力

1 權利能力：指在法律上得享有權利的人。依《民法》第6
條規定：「自然人之權利能力始於出生，終於死亡。」
其中出生又可分為「已出生」（已與母體分離）和「視為
既已出生」[3]（仍在母體）兩種。死亡又可分為「自然死
亡」（法律上確認為當事人）[4]與「死亡宣告」兩種。
「死亡宣告」係指自然人失蹤達一定期間後，法院因利
害關係人（通常為當事人配偶或子女）或檢察官之聲
請，宣告其為死亡的制度。死亡宣告必須具備以下要
件：
①必須要有自然人失蹤的事實存在。

②必須因失蹤而陷於生死不明。

③必須失蹤人的生死不明狀態已達法定期間。[5]

④必須經由利害關係人及檢察官之聲請。

⑤必須經由法院依法宣告。[6]

一旦死亡宣告生效，則會發生法律關係的發生（受宣告人之繼承人依法開始繼承）以及消滅（受死亡宣告人結束其原住居地為中心之一切財產上及身分上之法律關係）。

2 行為能力：指行為人所為之法律行為，能發生法律效力的能力。（王澤鑑，1995：188-95）這種能力可概分為「適法行為能力」（吃飯付錢）和「違法行為能力」（欠債不還）。

權利能力眾人皆有，而行為能力具有法律效力，故行為人所為之行為不外適法行為與違法行為，適法行為者當為法律所允許，違法行為者當為法律所不許，既為法律所不許，則必須為其違法行為負起法律責任，此即「責任能力」[7]。行為能力之取得：

①完全行為能力人：

　A.要件：

　　(A)滿二十歲。（《民法》第12條）

　　(B)未成年人已結婚者。（《民法》第13條第3項）

　B.說明：具有完全行為能力人具有「意思能力」[8]，故得為自由意思表示與完整有效之法律行為。

②限制行為能力人：

　A.要件：年滿七歲以上，但未滿二十歲的人。（《民法》第13條第2項）

B.說明：

(A)限制行爲能力之意思表示：限制行爲能力人爲意思表示及受意思表示，應得法定代理人之允許。但純獲法律上之利益，或依其年齡及身分，在日常生活所必需者，不在此限。（《民法》第77條）

(B)限制行爲能力人之法律行爲：

　a.限制行爲能力人爲單獨行爲之效力：限制行爲能力人未得法定代理人之允許，所爲之單獨行爲，無效。（《民法》總則第78條）

　b.限制行爲能力人之契約行爲：限制行爲能力人未得法定代理人之允許，所訂立之契約，須經法定代理人之承認，始生效力。（《民法》第79條）

　c.強制有效行爲：若限制行爲能力人利用詐術，使人相信其爲有行爲能力人或已得法定代理人之允許者，其法律行爲爲有效。（《民法》第83條）

　d.特定財產處分之允許：法定代理人允許限制行爲能力人處分之財產，限制行爲能力人，就該財產有處分之能力。（《民法》第84條）

　e.獨立營業之允許：法定代理人允許限制行爲能力人獨立營業者，限制行爲能力人，關於其營業，有行爲能力。（《民法》第85條第1項）限制行爲能力人，就其營業有不勝任之情形時，法定代理人得將其允許撤銷或限制之。但不得對抗善意第三人。（《民法》第85條第1

　　　　　項）

　　　(C)限制行為能力人之侵權行為能力：無行為能力人
　　　　　或限制行為能力人，不法侵害他人之權利者，以
　　　　　行為時有「識別能力」（在此之識別能力即為意
　　　　　思能力）為限，並與其法定代理人連帶負損害賠
　　　　　償責任。行為時無識別能力者，由其法定代理人
　　　　　負損害賠償責任。（《民法》第187條第1項）

③無行為能力人：

　A.要件：

　　(A)未滿七歲之未成年人。（《民法》第13條第1項）

　　(B)禁治產人。（《民法》第15條）

　B.說明：

　　(A)無行為能力人之意思表示：

　　　a.無行為能力人之意思表示，無效；雖非無行為
　　　　能力人，而其意思表示，係在無意識或精神錯
　　　　亂中所為者亦同。（《民法》第75條）

　　　b.無行為能力人，由法定代理人代為意思表示，
　　　　並代受意思表示。（《民法》第76條）

　　(B)無行為能力人之法律行為：完全無行為能力人所
　　　　為之法律行為無效，應由法定代理人代為意思表
　　　　示或代受意思表示。

　　(C)無行為能力人之侵權行為能力：

　　　a.無行為能力人有無侵權行為能力，應依具體情
　　　　形決定；換言之，應以行為能力人在從事侵權
　　　　行為時，有無「識別能力」為基準。

　　　b.不法侵害他人之權利者，以行為時有識別能力

為限，並與其法定代理人連帶負損害賠償責任。

　　c.行為時無識別能力者，由其法定代理人負損害賠償責任。

　　d.無行為能力人或限制行為能力人，不法侵害他人之權利者，以行為時有識別能力為限，與其法定代理人連帶負損害賠償責任。行為時無識別能力者，由其法定代理人負損害賠償責任。（《民法》第187條第1項）

年齡與行為能力之關係見**表2-1**。

C.禁治產宣告制度：

　　(A)意義：對於精神不正常或有障礙，致不能處理自己事務之人，得由法院宣告其為無行為能力人，並暫時剝奪其行為能力的制度。

　　(B)宣告要件（《民法》第14條第1項）：

　　　　a.因心神喪失或精神耗弱。

　　　　b.本人、配偶、最近親屬兩人或檢察官的聲請。

表2-1　年齡與行為能力之關係表

對象	行為能力	法條
未滿7歲	無行為能力人	《民法》第13條第1項
滿7歲	限制行為能力人	《民法》第13條第1項
滿15歲	女性有訂婚行為能力	《民法》第973條
滿16歲	女性有結婚行為能力 具立遺囑之行為能力	《民法》第980條 《民法》第1186條第2項
滿17歲	男性有訂婚行為能力	《民法》第973條
滿18歲	男性有結婚行為能力	《民法》第980條
滿20歲	具完全行為能力	《民法》第12條
滿80歲	適用老年特別失蹤期間	《民法》第8條第2項

c.由法院宣告。

(C)宣告效力：

a.具有形成權性質的法院裁判，對行為能力的喪失，具有創設的效力。被宣告人立即喪失行為能力。

b.被宣告人所為之法律行為無效，所以必須設有法定監護人。（《民法》第1110條）

c.被宣告人同時喪失憲法上參政之權利，如選舉、罷免、創制、複決、被選舉權、應考試、服公職等權利。（施啟揚，1996：94）

d.經法院宣告為禁治產後，對於本人、聲請人乃至於任何人均發生其效力。

e.關於侵權行為能力：

(a)雖然《民法》第15條規定：「禁治產人，無行為能力。」但不法侵害他人之權利者，以行為時有識別能力為限，與其法定代理人連帶負損害賠償責任。行為時無識別能力者，由其法定代理人負損害賠償責任。

(b)《民法》第187條第1項規定：「無行為能力人或限制行為能力人，不法侵害他人之權利者，以行為時有識別能力為限，與其法定代理人連帶負損害賠償責任。行為時無識別能力者，由其法定代理人負損害賠償責任。」

(D)宣告之撤銷：

a.撤銷禁治產：

(a)由於禁治產原因消滅，禁治產人精神狀態已

完全恢復，能處理自己事務。

(b)《民法》第14條第2項規定：「禁治產之原因消滅時，應撤銷其宣告。」

(c)得聲請撤銷禁治產宣告者為本人、配偶、最近親屬二人或檢察官。

b.撤銷禁治產宣告之訴：係由於禁治產宣告的裁定自始不當，故對請求撤銷者而言，此項撤銷具有溯及效力。禁治產人溯及回復行為能力，與自始未曾宣告者相同。

2、法人

(1)意義

乃具有一定的目的，實際存在於社會的一種非自然人的組織體。並由法律賦予人格，而享有權利義務能力。當然，法律得因需要賦予人格，亦得因需要撤銷其人格。（謝瑞智，2000：85-7）

(2)種類

1公法人：乃依據公法而設立，例如國家（依據憲法而獲得其人格的政治團體，並為公法人中最重要者）、地方自治團體（縣、市政府）等。

2私法人：乃依據私法而設立，又可分為：

①社團法人：以所有社員為組織基礎者。

A.營利社團：以營利為目的的社團，如公司、信用合作社等。

B.公益社團：以公益為目的的社團，如農會、工會等。

②財團法人：以捐助財產爲組織基礎者，如私立學校、教會等。

(3) 成立要件

1 須有法律依據：

①《民法》第25條規定：「法人非依本法或其他法律之規定，不得成立。」

②營利社團須依特別法之規定[9]。

③公益法人須依法律且經主管機關許可。

　A.《民法》第46條規定：「以公益爲目的之社團，於登記前，應得主管機關之許可。」

　B.《民法》第59條規定：「財團於登記前，應得主管機關之許可。」

2 須經登記：根據《民法》第30條規定：「法人非經向主管機關登記，不得成立。」其目的在於將法人的成立及其存續狀態，藉登記制度之公信力，明載於登記簿，以供公眾閱覽。俾使善意第三人明瞭法人是否確實合法存在，其內部組織情形及其財務狀況是否健全，以保護交易之安全。

①依《民法》總則規定成立之主管機關：《民法》第10條第1項規定：「依民法總則規定法人之登記，其主管機關爲該法人事務所所在地之法院。」

②依公司法規定成立之主管機關：

　A.《公司法》第6條規定：「公司非在中央主管機關登記後，不得成立。」

　B.又《公司法》第5條規定：「本法所稱主管機關：在

中央為經濟部；在直轄市為直轄市政府。」

3 登記之效力：採「登記對抗主義」，故《民法》第31條規定：「法人登記後，有應登記之事項，而不登記，或已登記之事項有變更而不為變更之登記者，不得以其事項對抗第三人。」

(4)法人之權利能力

1 意義：即當法人具有權利義務主體之資格時，不論其從事任何行為，均得享受權利，並負擔義務。

2 始期與終期：關於法人之權利義務能力，我國法律未明文規定。但一般認為法人之權利能力始於向主管機關登記成立之際，終於解散。且法人至清算終結止，在清算之必要範圍內，視為存續。（《民法》第40條第2項）

3 權利能力之限制：

①法令上的限制[10]：法人之權利能力，為法律所賦予，因此得以法律或命令加以限制。

②性質上的限制：法人無法享有專屬於自然人之人格權與身分權。

(5)法人之行為能力

1 法人於權利能力範圍內，有行為能力。

2 法人從事法律行為，須以自然人為代表。

3 《民法》第27條第2項規定：「董事就法人一切事務，對外代表法人。董事有數人者，除章程另有規定外，各董事均得代表法人。」

(6)法人之侵權行為能力

《民法》第28條規定：「法人對於其董事或其他有代表權之人因執行職務所加於他人之損害，與該行為人連帶負賠償之責任。」因此，法人具備侵權行為能力。但必須具有以下之前提要件：

1 須由法人董事或其他代表權人（如清算人、公司重整人、代表法人之監察人）所為之行為。

2 須由於執行職務而加於他人之損害。

3 須具備侵權行為要件：

①董事或其他代表人於行為時須有識別能力。

②須有故意或過失。

③於行為與損害間須有客觀的相當因果關係。

④須他人之權利或利益受到損害。

（二）權利的客體

權利的客體為受權利主體支配的對象，亦稱「權利標的」，包括「物」、「行為」及各種權利、利益。

1、物

(1)意義

物為權利客體之一，通常為權利主體所能支配之有體物。（王澤鑑，1995：157-9）[11]

1 物為有體物：即具有形體，並能以度量衡表示，至於屬固體（牛肉）、氣體（瓦斯）、液體（汽油）或能源（或稱自然力），則無關緊要。但不包括權利。

2 物具有獨立性：法律上之物必須獨立存在，若屬他物之「部分」，尚未分離者，如房屋之房間、樹木之果實，尚不能成為獨立之物，以符合物權法上「一物一權主義」。

3 物為人力所可支配：民法上所稱之物，必須為人力所可支配。但遍佈空間之物，如光線、空氣等，取之不盡，用之不竭，無人能全部支配，故不得稱之為物。

(2)分類

1 動產與不動產：

①不動產：根據我國《民法》第66條第1項之規定，不動產指「土地」及其「定著物」[12]，且不動產之物權採登記生效要件主義，即「不動產物權，依法律行為而取得、設定、喪失及變更者，非經登記，不生效力。」（《民法》第758條）並應以「書面」的契約要式行為為之。（《民法》第760條）

②動產：根據《民法》第67條規定：「稱動產者，為前條（指《民法》第66條）所稱不動產以外之物。」換言之，動產所指涉的範圍甚大。至於中華民國民法對動產物權之讓與方式的規定有三：

A.動產物權之讓與，非將動產交付，不生效力。但受讓人已占有動產者，於讓與合意時，即生效力。（《民法》第761條第1項）

B.讓與動產物權，而讓與人仍繼續占有動產者，讓與人與受讓人間，得訂立契約，使受讓人因此取得間接占有，以代交付。（《民法》第761條第2項）

C.讓與動產物權，如其動產由第三人占有時，讓與人

得以對於第三人之返還請求權，讓與於受讓人，以代交付。（《民法》第761條第3項）

2 主物與從物：

①主物：指獨立之物，不需從物亦有其獨立的效用，但若有從物的配合，常可發揮更高的效用或價值。

②從物：從物為非主物之成分，常助主物之效用，而同屬於一人者。（《民法》第68條第1項前段）茲分析如次：

　A.從物為非主物的成分：從物亦為獨立的物，但非主物的一部分，例如錄影帶卡匣乃錄影帶之從物，用以保護錄影帶。

　B.從物常助主物的效用：從物的效用為次要，居於輔助地位，例如收音機與耳機，耳機常助收音機之效用。

　C.通常主從物同屬於一人：《民法》第68條第2項規定：「主物之處分，及於從物」，例如錶心與錶帶通常同屬一人所有。但《民法》第68條第1項後段規定：「但交易上有特別習慣者，依其習慣」；換言之，若交易習慣上不認許，縱其性質為從物，仍不得認為從物。例如就空白光碟片與布丁筒、米與麻袋，均非從物。

3 消費物與不消費物：

①消費物：係指物因一次使用而消失其形體或作用者，如香煙、飲料等物屬之。

②不消費物：係指物可經多次使用而不消失其形體或作用者為不消費物，如唱片、手機等物屬之。惟不消費

物亦會因各種因素而發生折舊損耗之情事，而減損其
價值或效用。

4 代替物與不代替物：

①代替物：係指在交易上能以相同數量、種類、品質相
互替換的物品。通常該物品無特性，故得以代替物代
替，如蔬菜、電腦、教科書等屬之。

②不代替物：係指在交易上不能以相同數量、種類、品
質相互替換的物品。通常該物品具有特性，故不得以
代替物代替，如王羲之的親筆書帖、畢卡索的親筆畫
作。

5 特定物與不特定物：

①特定物：係指當事人依主觀意思所指定的物品。例如
指定張大千所繪的國畫、指定某建設公司所蓋的房
子。

②不特定物：係指當事人不依主觀意思，而僅以數量、
種類或容量指定的物品。例如若干數量的原子筆、若
干公斤的牛肉。

6 可分物與不可分物：

①可分物：凡物經分割而不損其性質與價值者，為可分
物。例如方糖、黃金等屬之。

②不可分物：物經分割而會損其性質與價值者，為不可
分物。例如鑽石、珍珠等屬之。

7 單一物、結合物與集合物：

①單一物：指物在形體上獨立而成為個體謂之，例如花
瓶、茶杯等屬之。

②結合物：指物由兩個以上之單一物而組成一個在形體

上獨立的個體，且經組成之後，各組成部分在法律上失去其獨立性者。例如油漆粉刷於房子之後，二者牢不可分。

③集合物：指多數單一物雖經集合，各物仍能獨立存在，不失其個性者為集合物。例如雨刷裝置於汽車，但可隨時拆裝至其他車輛。

8 融通物與不融通物：

①融通物：係指得為所有權與法律行為客體之物，例如電視、水果等屬之。

②不融通物：係指不得為法律行為客體的物，例如公共物（陽光）、公有物（總統府）與公用物（公園）等屬之。

2、行為

行為亦為權利的客體，行為有公法上的行為與私法上的行為之別：

(1)公法上的行為

依據《憲法》第2章的規定，人民可積極自由從事居住遷徙、意見表達、秘密通訊、宗教信仰、集會結社、競選公職等行為，政府除基於防止妨礙他人自由、避免緊急危難、維持社會秩序或增進公共利益所必要者外，不得以法律限制之。

(2)私法上的行為

私法上的行為亦得為權利的客體，依據《民法》第16條便規定「行為能力，不得拋棄」。此外，任何人行使權利行為時，只要不違反公共利益或以損害他人為主要目的，並依誠實及信用方法，便不受任何限制。（《民法》第148條）

三、權利的種類

權利分為公權與私權兩種。

（一）公權

指國家或人民在公法上所得享有的權利。

1、國家的公權

(1)依性質區分

1 政權：國民大會。

2 治權：立法權、司法權、行政權、考試權、監察權。

(2)依作用區分

1 公物權：指國家對於物所得支配之權利，並可分為：

①公有物：指國家所有之物，並可分為：

A.行政財產：行政財產為國家因公共目的所得使用之財產，例如政府機關的建築物、船艦與航空器等。

B.收益財產：國家因經濟利益而使用的財產，例如國有林地、礦場與公營企業等。

②公用物：指供大眾使用之物，如公園、道路、圖書館、名勝古蹟等。公用物之所有權得為國家或私人所有，均無礙其為公用物。

2 命令權：乃國家命令人民作為（納稅）或不作為（不得殺人）的權利，人民有服從國家命令的義務，違反則遭身體或財產上的制裁。

❸ 形成權：乃國家的行為發生人民權益上的取得、喪失或變更，例如學校的成立、工廠的關閉、公務人員的調職等。

2、人民的公權

(1)平等權

根據《憲法》第7條規定：「中華民國人民，無分男女、宗教、種族、階級、黨派，在法律上一律平等。」換言之，法所稱的平等權，係指法律上的平等權而言。此外，《憲法》第169條復規定：「國家對於邊疆地區各民族之教育、文化、交通、水利、衛生及其他經濟、社會事業應積極舉辦，並扶助其發展對於土地使用，應依其氣候、土壤性質，及人民生活習慣之所宜，予以保障及發展。」俾保障邊疆地區少數民族權益，以達各民族依律平等的眞諦。

❶ 政治平等：中華民國國民不分男女、宗教、種族、階級及黨派之區別，凡年滿20歲者，有依法選舉權；年滿23歲者，有依法被選舉權。（《憲法》第130條）

❷ 經濟平等：中華民國領土內之土地屬於國民全體。固凡屬中華民國國民均得依法取得土地所有權。不分男女、宗教、種族、階級及黨派的區別，應受法律的保障與限制。（《憲法》第143條）國家應普設平民金融機構，以救濟失業。另國家對於私人財富及私營事業（《憲法》第150條），認爲有妨害國計民生之平衡發展者，應以法律限制之（《憲法》第145條），以謀國計民生之均足。（《憲法》第142條）

❸ 社會平等：人民具有工作能力者，國家應予以適當之工

作機會（《憲法》第152條），並制定保護勞工及農民之法律，增進其生產技能，以改良勞工及農民之生活（《憲法》第153條）。勞資雙方應本協調合作原則，發展生產事業。勞資糾紛之調解與仲裁，以法律定之（《憲法》第154條）。

國家為謀社會福利，應實施社會保險制度（《憲法》第155條）、婦女、兒童福利政策（《憲法》第156條），以適當的扶助與救濟鰥寡孤獨廢疾老弱婦孺者，並普遍推行衛生保健事業及公醫制度（《憲法》第157條）。

4 教育平等：

①國民受發育的機會平等。（《憲法》第159條）

②六歲至十二歲學童一律受基本教育。（《憲法》第160條）

(2)自由權

1 人身自由：係指人民的身體自由，蓋身體自由為各種自由的基礎，有身體自由始有其他自由。我國《憲法》對人身自由的規定如次：

①逮捕與拘禁：

A.因犯罪嫌疑而受逮捕或拘禁：人民因犯罪嫌疑被逮捕拘禁時，其逮捕拘禁機關應將逮捕拘禁原因，以書面告知本人指定之親友，並至遲於二十四小時內移送該管法院審問。本人或他人亦得聲請該管法院，於二十四小時內向逮捕之機關提審。（《憲法》第8條第2項）

法院對於前項聲請，不得拒絕，並不得先令逮捕拘

禁之機關查覆。逮捕拘禁之機關對於法院之提審，不得拒絕或遲延。（《憲法》第8條第3項）

　　B.受非法逮捕或拘禁：人民身體之自由應予保障，除現行犯之逮捕由法律另定外，非經司法或警察機關依法定程序，不得逮捕拘禁。非依法定程序之逮捕、拘禁得拒絕之。（《憲法》第8條第1項）

　　　人民遭受任何機關非法逮捕拘禁時，其本人或他人得向法院聲請追究，法院不得拒絕，並應於二十四小時內向逮捕拘禁之機關追究，依法處理。（《憲法》第8條第4項）

②審問與處罰：

　　A.審問：非由法院依法定程序，不得審問，非依法定程序之審問得拒絕之。（《憲法》第8條第1項）凡由法院依法定程序拘提或到場的嫌疑犯，應即時審問，至遲不得超過二十四小時。除認為應予拘押者外，應於審問後釋放。

　　B.處罰：

　　　(A)審判機關：非由法院依法定程序，不得處罰，非依法定程序之處罰得拒絕之。（《憲法》第8條第1項）

　　　　人民除現役軍人外，不受軍事審判。（《憲法》第9條）

　　　(B)處罰原則：依《刑法》第1條規定：「犯罪行為之處罰，以行為時之法律有明文規定者，為限。」故法無明文規定者不罰，此即所謂的「罪刑法定主義」。

2 居住遷徙自由：

①居住自由：人民居住的場所爲生活的中心，得依自己
的自由意志選擇生活的場所，此乃《憲法》所保障的
權利。（《憲法》第10條）但人民的居住自由以不妨礙
他人的自由爲原則，亦不得以其場所供違法使用，如
開賭場；此外，法律亦可規定禁止人民居住於特定區
域，如軍隊射擊訓練場，以策安全。

A.住所：

(A)意義：依一定事實，足認以久住之意思，住於一
定之地域者，即爲設定其住所於該地。（《民法》
第20條第1項）

(B)限制：一人同時不得有兩住所。（《民法》第20
條第2項）

B.居所：居所爲暫時居住的場所，即無久居之意思。

②遷徙自由：乃權利主體得由現居住地永久性或暫時性
的遷移至他地的自由。此種遷徙自由得以法律限制
之。如以安全爲考量，禁止人民到戰地旅行，或刑事
被告嫌疑重大，有逃亡之虞者，得限制出境。

3 意見自由：言論、講學、著作及出版均屬個人意見的發
表（《憲法》第11條），其中著作與出版屬文字範疇，言
論與講學屬口語範疇，茲分述如次：

①言論自由：乃意見自由的基礎，蓋民主法治國家，人
民皆有暢所欲言的權利。但言論自由並非漫無限制，
如濫用權利毀害他人名譽者，應負刑事責任（《刑法》
第27章「妨害名譽及信用罪」），惟若出於善意（《刑法》
第311條）、眞實（《刑法》第310條第3項）者不罰。

②講學自由：講學自由為言論自由的延伸，乃指將自己的學術思想傳授與他人。為此，必須能夠自由發揮其思想，方能激盪出新的知識，此即人類社會進步之主因，講學自由的限制與言論自由相同。

③著作自由：即以語文、音樂、戲劇、舞蹈、美術、攝影、圖形、視聽、錄音、建築著作及電腦程式（《著作權法》第5條）展現自己的思想者為著作。著作人於著作完成時享有著作權（《著作權法》第10條），不受他人侵害。著作權人對於侵害其權利者，得請求排除之，有侵害之虞者，得請求防止之（《著作權法》第84條）。侵害人除應受著作權法所規定的處罰，負損害賠償責任及回復被害人名譽（《著作權法》第85條）。

④出版自由：當著作權人完成其著作之後，可藉由出版將其著作以有償或無償方式，將著作之原件或重製物以發行、播送、上映、口述、演出、展示或其他方法向大眾公開。（《著作權法》第3條）一般國家對於出版品的管理，有預防制與追懲制二種，分述如次：

A.預防制：即出版物在出版前須經主管機關的檢查始得出版，該制之主要目的在防止出版者濫用自由權，而發行危害國家安全的著作，但主管機關若濫用該權，其危害更大。

B.追懲制：即事先不經主管機關檢查，但出版後發現有違法情事者，應負法律責任。

4 秘密通訊自由（《憲法》第12條）：乃指人民可經由有線（電話）、無線（手機）、人工傳遞郵件或其他方式（如電子郵件）將訊息傳遞給收訊的對方，而不讓第三者

知悉通訊內容。蓋通訊內容經常涉及商業利益或私人情事，而使發訊者希望以秘密方式傳遞。中華民國法律的相關規定如下：

①一般人員：無故開拆或隱匿他人之封緘信函、文書或圖畫者，處拘役或三千元以下罰金。無故以開拆以外之方法，窺視其內容者，亦同。（《刑法》第315條）另針對電子郵件發展趨勢，亦規定「無故洩漏因利用電腦或其他相關設備知悉或持有他人之秘密者，處二年以下有期徒刑、拘役或五千元以下罰金」。（《刑法》第318-1條）

②公務人員：在郵務或電報機關執行職務之公務員，開拆或隱匿投寄之郵件或電報者，處三年以下有期徒刑、拘役或五百元以下罰金。（《刑法》第133條）另公務員或曾任公務員之人，無故洩漏因職務知悉或持有他人之工商秘密者，處二年以下有期徒刑、拘役或二千元以下罰金。（《刑法》第318條）若是利用電腦或其相關設備犯罪者，加重其刑至二分之一。（《刑法》第318-2條）

③例外：

A.因偵查犯罪證據所必要者，通訊機構得不受「嚴守秘密」的限制。

B.因國防機密所必要者，通訊機構得不受「嚴守秘密」的限制。

5 信仰宗教自由（《憲法》第13條）：

①每個人可自由選擇信仰或不信仰宗教，並不受任何人干涉。

②每個人可自由選擇、改變或放棄其原本信仰的宗教，並不受任何人干涉。

③每個人可自由向他人傳教，但不得強迫他人信仰，否則即侵犯到他人的自由。

6 集會與結社自由（《憲法》第14條）：

①集會自由：係指於公共場所或公眾得出入之場所舉行會議、演說或其他聚眾活動。（《集會遊行法》第2條）換言之，乃多數人以交換情感、表達意見，俾達成一定目的的暫時性結合，如舞會、政見發表會。

②結社自由：乃多數人為達成一定目的，所做的有組織性與長期性的結合，如政黨、工會。

(3)受益權

乃人民站在積極的地位，主動要求國家基於統治權作用，為一定之行為，從而享受其利益。

1 經濟上的受益權（《憲法》第15條）：

①生存權：人民有要求國家維持其最低生活水準，以延續其生存的權利。

②工作權：人民具有工作能力者，國家應予以適當的工作機會。（《憲法》第152條）蓋工作權如不予保障，則難達到生存權之目的。

③財產權：人民對於其所有財產，在法令所容許之範圍內，有自由使用、收益、處分之權。

2 行政上的受益權（《憲法》第16條）：

①請願權：人民對國家政策、公共利害或其權益之維護，得向職權所屬之民意機關或主管行政機關請願。

（《請願法》第2條）

②訴願權：人民對於中央或地方機關之行政處分，認為違法或不當，致損害其權利或利益者，得依本法提起訴願。（《訴願法》第1條）

③行政訴訟：人民因中央或地方機關之違法行政處分，認為損害其權利或法律上之利益，經依訴願法提起訴願而不服其決定，或提起訴願逾三個月不為決定，或延長訴願決定期間逾二個月不為決定者，得向高等行政法院提起撤銷訴訟。（《行政訴訟法》第4條第1項）

3 教育上的受益權（《憲法》第21條）：

①國民受教育之機會，一律平等。（《憲法》第159條）

②六歲至十二歲之學齡兒童，一律受基本教育，免納學費。其貧苦者，由政府供給書籍。已逾學齡未受基本教育之國民，一律受補習教育，免納學費，其書藉亦由政府供給。（《憲法》第160條）

③各級政府應廣設獎學金名額，以扶助學行俱優無力升學之學生。（《憲法》第161條）

④國家應注重各地區教育之均衡發展，並推行社會教育，以提高一般國民之文化水準，邊遠及貧瘠地區之教育文化經費，由國庫補助之。其重要之教育文化事業，得由中央辦理或補助之。（《憲法》第163條）

4 司法上的受益權：

①憲法訴訟：憲法訴訟之受理機構為司法院大法官會議。依《司法院大法官審理案件法》第5條第1項第2款規定，人民、法人或政黨於其憲法上所保障之權利，遭受不法侵害，經依法定程序提起訴訟，對於確

定終局裁判所適用之法律或命令發生有牴觸憲法之疑義者,得聲請解釋憲法。

②刑事訴訟:乃國家為確定刑罰權及其範圍的一切訴訟程序總稱。當人民的權利因他人的犯罪行為而受侵害時,請求法院對於行為人科罪的爭訟,遇有物質損害時,尚得提起附帶民事訴訟,請求損害賠償。

③民事訴訟:乃國家司法機關,基於私人之要求,調查法律上之要件是否具備,以保護私權之法律上程序。

④選舉訴訟:人民發現選舉違法或當選不法,得請求法院宣告選舉為無效的爭訟。我國《憲法》第132條即規定:「選舉應嚴禁威脅利誘,選舉訴訟由法院審判之。」故我國選舉訴訟的管轄權,係屬於普通法院。

(4)參政權

乃人民居於主動的地位,參與國家統治權行使的權利。

◼1人民有選舉、罷免、創制、複決之權(《憲法》第17條):

①選舉權:

A.條件:

(A)積極條件:具有中華民國國籍、年滿20歲、須在選舉區內居住一定期間以上。

(B)消極條件:未被褫奪公權或受禁治產之宣告。

B.原則:

(A)自由:國家不得以強制手段干涉人民之行使或不行使。

(B)普通:任何國民原則上皆應有選舉權,不因其身分而有任何差別待遇。

(C)平等：每個選民擁有相同的投票數，且票票等值。

(D)直接：選舉時選舉人直接選舉被選舉人。

(E)無記名：即秘密選舉。

②罷免權：人民對於所選出的議員或官吏，有違法失職或不稱職情事，在其任職屆滿以前，依投票表決方式，使其去職的一種權利。

③創制權：人民可以投票方式來創設中央或地方法律。

④複決權：公民對於立法機關或制憲機關所通過的法律案或憲法案，得以投票決定其應否成為法律或憲法的權利。

2 人民有應考試服公職的權利（《憲法》第18條）：

①應考試的權利：即中華民國人民，凡符合國家各種考試之應考資格者，皆得報名參加各種國家考試。中華民國公務員之選拔，應實行公開競爭考試制度。（《憲法》第85條）

②服公職的權利：

A.政務官：

(A)指經參與各種民意代表選舉而當選之具有任期的公職人員，如總統、立法委員。

(B)因選舉而當選之具有任期的公職人員所晉用之人員。

B.事務官：通常是指經參加國家各項公職考試，而獲錄用之公務人員。

（二）私權

1、國家的私權

當國家處在私經濟地位與人民為私法上的交易行為時，國家得享有私權。例如國家與人民訂立買賣契約，其法律關係則適用《民法》債編的規定。

2、人民的私權

(1)依權利的內容區分

1 人身權：

①人格權（王澤鑑，1995：87-97）：權利人的資格為人格，法律所保護之人格為人格權，人格權有受侵害之虞時，得請求防止之；受侵害時，得請求法院除去其侵害，並得請求損害賠償或慰撫金。（《民法》第18條）姓名權即屬人格權的一種，姓名權受侵害者，得請求法院除去其侵害，並得請求損害賠償。（《民法》第19條）

②身分權：指基於特定身分關係，對於他人所得行使的權利。例如夫有要求妻履行同居的權利（《民法》第1001條）、父母在必要範圍內對其子女有懲戒權（《民法》第1085條）。

2 財產權：

①債權：乃當事人之一方得「請求」[113]他方為特定行為或不為特定行為之權利；換言之，債權直接以債務人的行為做標的。

②物權：乃指權利人對物（包括動產及不動產）為直接
支配的權利。[14]（施啟揚，1996：173-8）我國《民法》
所規定的物權（《民法》第3編）有以下數種：

A.所有權：《民法》第765條：「所有人於法令限制之
範圍內，得自由使用、收益、處分其所有物，並排
除他人之干涉。」

B.地上權：《民法》第832條：「稱地上權者，謂以在
他人土地上有建築物或其他工作物或竹木為目的而
使用其土地之權。」

C.永佃權：《民法》第842條第1項：「稱永佃權者，
謂支付佃租永久在他人土地上為耕作或牧畜之權。」

D.地役權：《民法》第851條：「稱地役權者，謂以他
人土地供自己土地便宜之用之權。」

E.抵押權：《民法》第860條：「稱抵押權者，謂對於
債務人或第三人不移轉占有而供擔保之不動產，得
就其賣得價金受清償之權。」

F.質權：《民法》第884條：「稱動產質權者，謂因擔
保債權，占有由債務人或第三人移交之動產，得就其
賣得價金，受清償之權。」

G.典權：《民法》第911條：「稱典權者，謂支付典
價，占有他人之不動產而為使用及收益之權。」

H.留置權：債權人於債權已至清償期者、債權之發生
與該動產有牽連之關係者或其動產非因侵權行為而
占有者等要件前提下，得占有屬於其債務人之動
產，並於未受清償前，留置之。（《民法》第928條）

I.占有：《民法》第940條：「對於物有事實上管領之

力者，爲占有人。」

③準物權：非《民法》上所規定的物權，但法律上將之
視爲物權，而準用《民法》有關物權之規定的一種財
產權，例如漁業權、礦業權等。

④無體財產權：乃權利人的權利直接存在於智能的出產
物上，其權利屬無形體，但其經濟價值與財產權無
異，例如著作權、專利權等。

(2)依權利的作用區分（施啓揚，1996：30-32）

1 *支配權*：即權利主體依法律得直接支配權利客體之權利
（主要有人格權、身分權、物權、準物權及無體財產
權）。

支配權在積極作用方面，得直接支配權利客體、支配管
領標的物或直接取回標的物，無須要求他人爲特定行
爲。例如：在財產權方面，如對標的物的占有、使用、
管理、處分等行爲；在非財產權方面，如權利主體直接
支配自己的身體、健康、自由、名譽等，以及父母直接
對子女的保護教養及懲戒等。

支配權在消極作用方面，有禁止他人不干涉或妨害行爲
的排他性權利，此時表現爲物上請求權。在未受到干涉
妨害時，支配權的消極作用並不顯示出來。

2 *形成權*：即權利主體依一方之意思表示，使法律關係直
接發生（如因法定代理人或本人行使承認權，使效力未
定的法律行爲直接發生效力）、變更（如因行使選擇權，
使選擇之債直接變更爲單純之債）或消滅（如因行使撤
銷權或抵銷權，使有瑕疵的法律行爲或適於抵銷的債務

直接歸於消滅）的權利（例如撤銷權、選擇權、抵銷權、承認權、解除權及繼承拋棄權等）。

3 請求權：乃權利人得請求相對義務人為特定行為（作為或不作為）的權利，而相對義務人有履行權利人之權利的義務。換言之，權利人不能直接支配義務人或支配管領標的物，必須有他人行為的協助，始能實現請求權的內容。要求他人作為的請求權，稱為「積極的請求權」；要求他人不作為的請求權，稱為「消極的請求權」。債權為最主要的請求權，在學理上請求權有以下幾種：

①債權的請求權：基於債權所生的請求權為債權的請求權（《民法》第199條），乃最常見且最重要的請求權。請求權與債權有密切關係，請求權為債權的主要內容與作用，債權而無請求權，債權即失其功能。

②物權的請求權：乃基於物權所生的請求權。物權為直接支配管領標的物的權利，通常無須要求他人的介入或協助，僅在物權遭受他人不法干涉而有妨害或侵奪時，始發生物權的請求權，得請求特定人返還所有物（作為）或不為妨害的行為（不作為）。其請求權有三種型態：A.所有物返還請求權；B.除去妨害請求權；C.防止妨害請求權。

③準物權、無體財產權的請求權：基於各種準物權及無體財產權所生的請求權屬之。

④人格權、身分權的請求權：基於人格權或身分權所生的請求權，如侵害人格權時的除去侵害請求權、防止侵害請求權，侵害姓名權時的除去侵害請求權、扶養

請求權（《民法》第1067條）、同居請求權。

4 *抗辯權*：即抗辯權人對抗權利人行使權利的權利。（《民法》第264-5條）換言之，抗辯權人於請求權人或其他權利人行使其權利時，得拒絕給付或阻止其行使，故抗辯權在本質上為一種對抗權，抗辯權不以對抗請求權為限，也得對抗抵銷權或對抗抗辯權，此時稱為「再抗辯」。抗辯權依其性質可分為：

①永久性（排除性）抗辯權：指永久阻止相對人行使其權利，如消滅時效經過後的請求權，因抗辯權人的拒絕給付而永遠不能請求，對債務人而言，稱為「自然債務」。例如法定時效完成後，夫妻之一方不得以他方與人通姦為由，而提出離婚請求。（《民法》第1053條）

②暫時性（延期性）抗辯權：指暫時阻止相對人行使其權利，如同時履行抗辯權或先訴抗辯權，僅得於相對人為對待給付前或對主債務人財產為強制執行而無結果前，發生阻止作用。

抗辯權與廣義的抗辯（異議）不同。抗辯權在性質上為「反對權」，以承認對方請求權的有效存在為前提，但拒絕給付；異議在性質上為「否認權」，以否認對方請求權的有效存在為目的，例如請求給付價金時，債務人否認買賣契約的有效性（如違反禁止規定而無效）或認為已給付而消滅。抗辯權的行使須由抗辯權人主張；異議則得由法院依職權加以審酌。

(3)依權利對外效力區分

1 絕對權：又稱對世權，乃權利人得對抗一般人的權利。例如享有物權或親權的人，得請求一般人不得侵害其權利。

2 相對權：又稱對人權，乃權利人僅得對抗特定人的權利。例如債權人僅得請求其相對債務人履行債務，而不能要求其他非其相對債務人履行債務。

(4)依權利之獨立性區分

1 主權利：指得獨立存在的權利。

2 從權利：指以其他權利的存在爲前提，而依附於其他權利的權利。例如債權爲主權利，利息債權爲從權利，當主權利因時效消滅時，其效力及於從權利。（《民法》第146條）惟利息債權未獲清償時，亦得獨立成爲債權，是爲例外。

(5)依權利與其主體的關係區分

1 專屬權：指權利專屬於權利人，且不得讓與他人。例如人格權、身分權。

2 移轉權：指權利非專屬於權利人，權利得以讓與或繼承方式移轉給他人。例如債權、物權。

(6)依權利的相互關係區分

1 原本權：又稱第一權、基礎權，乃指原本存在的權利。通常，一般的權利均爲原權利。

2救濟權：又稱第二權，指當原本存在的權利遭受不法侵害或干涉時，所衍生出的權利。如損害賠償請求權、回復原狀請求權。

(7)依權利的成立要件區分

1既得權：凡指權利成立要件已具備，並可立即履行的權利，一般權利多屬之。

2期待權：即指權利成立要件仍有待將來法律事實的發生，才能履行的權利。如附加條件的權利（以將來某一法律事實的發生或不發生為權利的生效要件）屬之。

四、權利的取得、變更與喪失

（一）權利的取得

指權利附著於權利主體的現象。

1、原始取得

又稱權利的絕對發生，乃指基於獨立的法律事實，所取得的權利。該權利非取得既已存在的權利，而是取得新發生的權利。就法律主體言，隨著每個自然人的出生，同時也取得其個人的人格權、自由權等新發生的權利；就法律客體言，無主物的先占（《民法》第802條）、埋藏物的發見[15]（《民法》第808條）等均為原始取得。

2、繼受取得

又稱權利的相對發生，乃指非基於獨立的法律事實，而是

基於他人已有的權利，依法取得，故在性質上為「繼受」。就法律主體言，凡人民皆可依法收養子女（《民法》第1072-83條）；就法律客體言，甲方依法自乙方取得原屬乙方之物，此時該物之所有權便由乙方轉移至甲方。按繼受取得的內容，復可分為：

(1)創設繼受取得與移轉繼受取得

1創設繼受取得：乃權利人就其既存的權利（原權利）創設新權利，並由他人繼受。例如原權利為土地所有權，則該土地所有權人得在該土地上設定地上權，並得讓他人繼受該地上權（《民法》第832條）。

2移轉繼受取得：乃權利人就其既存的權利（原權利），不變更其內容，完全移轉給新權利人（通常如有負擔者亦一併移轉）。例如被繼承人的財產（若有債務，亦隨同移轉）移轉給其繼承人（《民法》第1153條）。

(2)特定繼受取得與概括繼受取得

1特定繼受取得：乃依據特定原因，繼受特定權利。例如買賣汽車，買方依約付車款給賣方，並自賣方取得原屬賣方的汽車，此時該汽車之所有權便由賣方轉移至買方。

2概括繼受取得：乃依據一個原因，繼受多種權利。例如讓與，讓與債權時該債權之擔保及其他從屬之權利，隨同移轉於受讓人（《民法》第295條第1項前段）。

（二）權利的變更

係指在不影響權利的本質下，變更權利的型態。

1、主體變更

(1)意義

權利客體之本身不變，僅變更權利主體。

(2)種類

1前主變爲後主：例如地上權人將其權利讓與他人。（《民法》第838條）

2權利主體的人數增減：

①少數主體變爲多數主體：例如被繼承人一人的財產，由其妻、子女數人繼承。

②多數主體變爲少數主體：例如賣方數人共有的房屋出售給買方一人。

2、客體變更

(1)意義

權利主體之本身不變，僅變更權利客體的內容。

(2)種類

1質的變更：例如買方依約付款給賣方，以購買畢卡索畫作一幅，惟該畫於交貨時意外損毀；此時賣方與買方達成協議，改以達文西畫作一幅取代。

2量的變更：例如房屋租賃期限由半年改爲一年或由一年改爲半年、銀行定期存款利率由年息6％降至3％或由6％升至9％。

（三）權利的喪失

即指權利與其權利主體分離的現象。

1、絕對喪失

(1)意義

又稱客觀消滅，乃權利本身因故不存在，致使權利主體在形式上或實質上均無法行使。

(2)種類

◼基於權利主體的意思：權利主體得主動表意拋棄其權利，如債權人無條件拋棄其債權、繼承人無條件拋棄其繼承權；於此情況，權利消滅，不復存在。

◼非基於權利主體的意思：

①權利客體消滅：乃權利客體因故喪失其存在，致使權利主體無法行使其對權利客體的權利。例如屋主的房屋遭火焚毀，不復存在，致使屋主無法行使其對該屋之各項權利。

②依法律規定而消滅：

A.因法定時效而消滅：權利客體仍然存在，但因罹於時效，致使權利主體無法行使其對權利客體的權利。例如利息、紅利、租金、贍養費、退職金及其他一年或不及一年之定期給付債權，其各期給付請求權，因五年間不行使而消滅（《民法》第126條）。屆時，債務人得拒絕履行債務，債權人於此，空有權利，無法實現。

B.因義務履行而消滅：通常是義務人履行其義務，而

使其相對權利人喪失其對義務人的權利。例如債權因債務清償而消滅；自此，債權人與債務人之間無權利義務關係可言。

2、相對喪失

(1)意義

乃權利本身並未消滅，只是行使權利的主體更換。

1 基於權利主體的意思：權利主體得轉移其權利至另一權利主體。例如債權人甲依法將其相對債務人乙之債權轉讓給丙；此時，債權人甲對其相對債務人乙的債權消滅，但債務人乙的債務並未消滅，只是由債權人甲轉移至丙。又如贈與人得將其權利贈與被贈與人；此時，權利亦隨之轉移。

2 非基於權利主體的意思：通常是因為權利主體不存在，致使權利轉移。例如自然人之死亡，其財產被繼承；又如公司（法人）因故解散，其權利依法清算並轉移。

五、行使權利的原則

係指權利主體直接實現其權利內容的行為，茲詳述如次：

(一) 權利濫用的禁止

1、意義

權利之行使，不得違反公共利益，或以損害他人為主要目的（《民法》第148條），即權利之行使應符合法律之客觀目的。

換言之，即便在形式上為權利之行使，但實質上卻逾越權利行使的本質或目的時，便構成權利的濫用。（王澤鑑，1995：418-22）

2、效果

所謂「不得違反公共利益」或「不得損害他人」，通常要藉由行使權利人的外部行為來認定其內部的主觀意思（動機），並產生以下效果：

1濫用權利的行為（非屬權利的合理行使行為），不發生權利人所期望發生的法律效力。例如相鄰關係之濫用（《民法》第774-800條）。

2濫用權利時，其行使權利雖不受保護，但權利本身並不因此而喪失，權利人仍得再依正當方式行使。例如同時履行抗辯權之濫用（《民法》第264條）、拒絕一部清償之濫用（《民法》第318條）

3濫用權利而損害他人權益時，則構成侵權行為，應負損害賠償責任。例如侵權行為損害賠償（《民法》第184條）。

4濫用權利而其侵害狀態繼續存在而有侵占告之虞，利害關係人得請求除去其侵占或防止其侵害。濫用權利而程度嚴重者，得剝奪權利人之權利。例如親權的濫用等（《民法》第1090條）。

（二）自衛行為

意義

指自己或他人之權利，在緊急危難不及訴諸公權力保護之際，為免除或降低侵害，而以自力救濟方法所為之防衛或避難行為，在刑法上不負刑事責任，在民法上不負民事責任。自衛行為可分正當防衛與緊急避難二種：

(1)正當防衛

❶意義：對於現時不法之侵害，為防衛自己或他人之權利所為之行為，不負損害賠償之責。但已逾越必要程度者，仍應負相當賠償之責（《民法》第149條）。

❷成立要件：

①須有加害行為：

A.須為現時（已著手或正實施而未完畢）之侵害行為。

B.須為不法之侵害行為。

②須有防衛行為：

A.目的須為防衛自己或他人之權利。

B.手段須未逾越必要之程度。

(2)緊急避難

❶意義：乃為避免自己或他人生命、身體、自由或財產上的急迫危險[16]，所為之行為，不負損害賠償之責；但以避免危險所必要，且未逾越危險所能致之損害程度為限。[17]前項情形，其危險之發生，如行為人有責任者，

應負損害賠償之責（《民法》第150條）。

2 成立要件：

①須有危險存在：

　A.須有急迫之危險。

　B.須有及於自己或他人生命、身體、自由或財產之危險。

②須有避難行為：

　A.須有避免危險之行為。

　B.須為避免危險所必要，且未逾越危險所能致之損害程度。

（三）自助行為

1、意義

　乃為保護自己權利，而對於他人之自由或財產，施以拘束、押收或毀損的行為。蓋一般情況下，私人權利受侵害時，應訴請公權力保障，不得以自己力量限制他人的自由或財產，但遭逢急迫情形時，則允許之；惟該行為以不及受官署援助，並非於其時為之，則請求權不得實行或實行顯有困難者為限，並須立即向官署聲請援助，若該項聲請被駁回或其聲請遲延者，行為人應負損害賠償之責（《民法》第152條）。

2、成立要件

1 須為保護自己之權利。

2 須時機緊迫，不及請求公權力救濟。

3 須依法定之方法。

第二節　義務

一、意義

乃法律規定特定人作爲或不作爲的拘束。

（一）義務的對象爲特定人

並非所有人皆有義務，義務乃基於法律對特定人的約束。例如《憲法》第20條雖規定「人民」有依法律服兵役之義務，但《兵役法》第1條復規定，中華民國「男子」依法皆有服兵役的義務。換言之，在中華民國須服兵役的爲「中華民國男子」，而不包含「外國人」與「中華民國女子」。

（二）義務爲一種拘束

即義務人不得任意變更或拋棄其義務，此乃義務爲一種相對拘束，並對應其相對權利人的權利。一旦義務人的義務可以拋棄，則相對權利人的權利即無法實現，從而受損，故義務爲一種拘束，以保障相對權利人的權利可以實現。

（三）義務爲一種作爲或不作爲

義務的內容，凡屬須爲一定的行爲，是爲積極義務，例如買賣行爲，買受人有付款的義務，出賣人有交貨的義務。凡屬不得爲一定的行爲，是爲消極義務，例如不得誹謗他人的名

譽。

（四）義務為法律所規定的拘束

　　義務乃法律對義務人所要求的一種強制作為或強制不作為；反之，法律未規定，則不生法律上的拘束力。如《憲法》規定人民有納稅的義務，則有納稅義務人不得規避。再如納稅機構要大家提早報稅，但此非法律所規定的義務，僅得視為一種政令宣導，故不生法律上的拘束力。

二、責任

　　責任常與義務易混淆，二者似同實異。

（一）意義

　　指義務人不履行義務時，所應接受法律上不利益處分或制裁。以民事責任為例，大多為「侵權行為」與「債務不履行」。「侵權行為」乃因故意或過失不法侵害他人之權利時，所應負擔之損害賠償責任。「債務不履行」乃因債務人依債之成立關係之本旨從事一定之給付，而因故意或過失違反其給付義務而不為給付時，所應負擔之損害賠償責任。

（二）義務與責任的關係

1、原則

　　義務為責任的原因，責任為義務的結果，蓋違反義務，始發生責任，有義務方有責任，無義務則無責任。例如夫婦互負

同居的義務（《民法》第1001條），如一方故意不履行同居之義務，且構成「惡意遺棄」而為離婚之原因（《民法》第1052條），便需負擔離婚之責任。

2、例外

■ 有義務但無責任（自然債務）：如消滅時效完成後的債務。

■ 無義務但有責任（保證責任）：如為第三人債務而提供擔保品之保證責任。

三、義務的種類

（一）公法義務與私法義務（依義務的法源區分）

1、公法義務

即公法上所規定的義務，例如中華民國憲法規定納稅（《憲法》第19條）、服兵役（《憲法》第20條）與受國民教育（《憲法》第21條）的義務。

2、私法義務

即私法上所規定的義務，例如承租人有支付租金的義務（《民法》第421條）、父母子女有相互扶養的義務（《民法》第1084條）。

（二）積極義務與消極義務（依義務的內容區分）

1、積極義務

義務人必須為一定的行為，如當兵（《兵役法》第1條）。

2、消極義務

義務人不得為一定的行為，如不得強暴（《刑法》第221條）他人。

（三）主義務與從義務（依義務的獨立性區分）

1、主義務

亦稱第一義務，乃原始獨立存在之義務。例如物的出賣人有交付物的義務，是即買賣契約訂立後，出賣人所負最初獨立的義務。（《民法》第348條）

2、從義務

亦稱第二義務，乃從屬主義務而發生之義務。例如出賣人履行交付義務以後，尚負有交付物無減少價值的義務，簡稱「瑕疵擔保義務」（《民法》第354條），此義務次於主義務而發生。

（四）絕對義務與相對義務（依義務對外的效力區分）

1、絕對義務

亦稱對世義務，乃任何人均受法律拘束的義務。例如憲法上的居住遷徙自由（《憲法》第10條）、民法上的人格權（《民法》

第18條）等，任何人皆應尊重，且負有不得侵犯的義務，故具有絕對效力。

2、相對義務

亦稱對人義務，乃特定人之間互受法律拘束的義務。例如買賣契約的買受人與出賣人間互負給付的義務（《民法》第345條）、旅客花錢請旅行社安排旅遊食宿（《民法》第514-1條）。

（五）專屬義務與移轉義務（依義務的轉移性區分）

1、專屬義務

係指僅特定人始得負擔之義務，此種義務多由義務本身在性質上不許由他人代行者，例如夫妻間互負同居的義務（《民法》第1001條）。

2、移轉義務

係指負擔可以移轉由他人來履行之義務。例如父債子償（《民法》第1115條）。

四、履行義務的原則

義務的履行係指義務人直接實現義務內容之行為，並以誠實信用為原則。誠實信用原則乃法律領域的最高指導原則（學界稱「帝王條款」），亦為倫理[118]道德價值的崇高表現（法律為最低限度的道德標準），故違反誠實信用原則，不生行使權利人所期待的效果及履行義務的效力。

（一）暴利行為之禁止

《民法》第74條第1項規定：「法律行為，係乘他人之急迫、輕率或無經驗，使其為財產上之給付，或為給付之約定，依當時情形顯失公平者，法院得因利害關係人之聲請，撤銷其法律行為，或減輕其給付。」

（二）詐欺、脅迫及不正當行為之禁止

《民法》第92條第1項規定：「因被詐欺或被脅迫而為意思表示者，表意人得撤銷其意思表示。但詐欺係由第三人所為者，以相對人明知其事實或可得而知者為限，始得撤銷之。」

（三）公平原則之遵守

《民法》第395條規定：「買賣因物有瑕疵，而出賣人依前五條之規定，應負擔保之責者，買受人得解除其契約或請求減少其價金。但依情形，解除契約顯失公平者，買受人僅得請求減少價金。」

註釋

[1]《民法》物權編第817條即為共有之意義：「數人按其應有部分，對於一物有所有權者，為共有人。各共有人之應有部分不明者，推定其為均等」。

[2]《民法》第144條（時效完成之效力 ── 發生抗辯權）：
時效完成後，債務人得拒絕給付。

請求權已經時效消滅，債務人仍爲履行之給付者，不得以不知時效爲理由，請求返還。其以契約承認該債務，或得提出擔保者，亦同。

[3]《民法》第7條規定：「胎兒以將來非死產者爲限，關於其個人利益之保護，視爲既已出生。」

[4]自然死亡的認定標準，有「心臟停止跳動說」、「呼吸停止說」與「瞳孔放大說」三種。

[5]《民法》第8條第1項規定：「失蹤人失蹤滿七年後，法院得因利害關係人或檢察官之聲請，爲死亡之宣告。」第2項規定「失蹤人爲八十歲以上者，得於失蹤滿三年後，爲死亡之宣告。」第3項規定「失蹤人爲遭遇特別災難者，得於特別災難終了滿一年後，爲死亡之宣告。」

[6]萬一受死亡宣告人如果尚存，法院得因本人或利害關係人之聲請，撤銷死亡宣告。因死亡宣告而消滅之身分關係，因而恢復。因死亡宣告而取得之財產，應予返還。但撤銷死亡宣告之判決確定前之善意行爲不受影響，如被宣告人善意之配偶與善意第三人結婚，仍然有效。此外，因死亡宣告而取得財產者止於現受利益限度內，負返還義務。

[7]責任能力：指對於侵權行爲在法律上所應負之損害賠償能力，蓋違法行爲乃基於侵權而產生。

[8]係指行爲能力人可以判斷自己的行爲在法律效果上的能力，通常是以行爲人行爲時，具體的精神狀況爲判定標準。行爲能力必須以意思能力爲前提，欠缺意思能力所爲之行爲不發生法律效力，其目的在於保護欠缺意思能力人。

[9]《民法》總則第45條：「以營利爲目的之社團，其取得法人之資格，依特別之規定。」

[10]《民法》第26條：「法人於法令限制內，有享受權利、負擔義務之能力。但專屬於自然人之權利義務，不在此限。」

[11]自然人爲權利主體，但能否爲權利客體中的物？一般而言，人體不得

爲物。但有時在不違反公序良俗的情況下，人體的全部或一部亦得爲
權利客體中的物，例如有償捐血、捐精、授乳等。

[12]定著物：指非土地的部分而繼續固定附著於土地者，故「繼續固定」
爲定著物的構成要件，若爲臨時使用而搭蓋，縱係不易移動，仍非屬
定著物。

[13]所謂「請求」即爲《民法》債編第1章第3節第1款所稱之「給付」。

[14]《民法》第757條（物權法定主義）：「物權，除本法或其他法律有
規定外，不得創設。」

[15]《民法》第809條（有學術價值埋藏物之特別規定）：「發見之埋藏
物，足供學術、藝術、考古、或歷史之資料者，其所有權之歸屬，依
特別法之規定。」

[16]所謂「急迫」，即指迫於眉睫之意，非侵害他人的權利，不能避免自
己的損害，例如火災發生，即將蔓延己屋。而拆除中間過道，以爲避
難。「急迫危險」的發生有爲自然原因者，如颱風、地震；有爲人爲
原因者，如夜間行路，遭人襲擊。

[17]緊急避難與正當防衛所不同者，「正當防衛」爲對侵害人的抗拒行
爲，「緊急避難」爲避免自己的危險，致造成他人的損害。

[18]「倫理」乃指「人跟人之間相處的道理」，其最高指導原則即「誠實
信用」。

第三章　法律的淵源

　　法律淵源，簡稱「法源」，乃法律所由發生的原因，並分直接淵源與間接淵源二種。

第一節　直接淵源

　　係指可以直接發生法律效力者，如憲法、法律、命令、自治法規與條約等，茲分述如次：

一、憲法

　　近代民主國家，莫不存有憲法，以為其立國基礎。故舉凡國體、政府組織、基本國策與人民的權利義務等重要事項，莫不加以明確規定。惟憲法內容所指涉範圍甚廣，只能就重要事項做原則性規範，再以法律做具體詳細的規定。例如《憲法》第61條規定：「行政院之組織，以法律定之」便是。

二、法律

　　中華民國之法律係由立法院經立法程序通過，並經總統公布施行，始得謂之（《憲法》第170條）。法律亦為法律淵源之一，大致如以下情形：

（一）新法以舊法為法源

　　如《檢肅流氓條例》乃由《動員戡亂時期檢肅流氓條例》轉化而來。

（二）子法以母法為法源

即法律之內亦常規定另以法律定之，如《工會法施行細則》乃基於《工會法》第60條而產生。

三、命令

行政機關為行使公權力，通常得基於職權，訂定具有拘束力的規範。其種類如次：

（一）緊急命令

乃國家發生緊急危難或重大變故，由國家元首所發布的命令，具有制定、變更或取代法律的性質。該權之行使應經由憲法明文規定，行政部門始有發布的權限，以防濫用。《第六次憲法增修條文》第2條第3項即規定：「總統為避免國家或人民遭遇緊急危難或應付財政經濟上重大變故，得經行政院會議之決議發布緊急命令，為必要之處置，不受憲法第四十三條之限制。但須於發布命令後十日內提交立法院追認，如立法院不同意時，該緊急命令立即失效。」

（二）法規命令

係指行政機關基於法律授權，對多數不特定人民就一般事項所作抽象之對外發生法律效果之規定（《行政程序法》第150條第1項）。

（三）行政規則

　　係指上級機關對下級機關，或長官對屬官，依其權限或職權為規範機關內部秩序及運作，所為非直接對外發生法規範效力之一般、抽象之規定（《行政程序法》第159條第1項）。通常規範行政體系內部事項的命令，不直接對外發生效力，通常與人民的權利義務無直接關係。

四、自治法規

（一）意義

　　乃地方自治團體依據憲法賦予的自治權，而由地方立法機關依法定程序制定的法規。目前中華民國地方自治法規乃根據《中華民國憲法》第118條「直轄市自治制度」與《第六次憲法增修條文》第9條「省縣地方制度」而來。

（二）種類

1. 自治法規（《地方制度法》第25條）：直轄市、縣（市）、鄉（鎮、市）就其自治事項或依法律及上級法規之授權而制定者謂之。

2. 自治條例（《地方制度法》第25條）：自治法規經地方立法機關通過，並由各該行政機關公布者謂之。

3. 自治規則（《地方制度法》第25、27條）：自治法規由地方行政機關，如直轄市政府、縣（市）政府、鄉（鎮、市）公所就其自治事項，得依其法定職權或基於法

律、自治條例之授權訂定，並發布或下達者謂之。並應分別冠以各該地方自治團體之名稱，並得依其性質，定名爲規程、規則、細則、辦法、綱要、標準或準則。

4 委辦規則（《地方制度法》第29條）：直轄市政府、縣（市）政府、鄉（鎮、市）公所爲辦理上級機關委辦事項，得依其法定職權或基於法律、中央法規之授權，訂定者謂之。

5 自律規則（《地方制度法》第31條）：地方立法機關得訂定自律規則。自律規則除法律或自治條例另有規定外，由各該立法機關發布，並報各該上級政府備查。

五、條約

（一）意義

乃指兩個或兩個以上之國際法人（通常是國家）所相互締結的協定，並創設締約者之間的權利與義務關係，且受國際法所規範。（丘宏達，1996：63-85）

（二）種類

1 依國際法人數目區分：
　①雙邊條約：只有兩個締約國。
　②多邊條約：三個或三個以上的締約國。

2 以效力區分：
　①契約條約（treaty contract）：乃締約國用以處理相互間特殊事項的條約。例如同盟條約、商務條約。

②立法條約（law-making contract）：又稱爲規範條約或
國際立法，其內容爲設定普遍性或行爲性的規範，爲
國際社會提供關於處理共同問題的一般法律規則。例
如《海牙公約》、《聯合國憲章》。

（三）條約對締約國人民的效力

1 直接生效：指條約批准後，直接適用於締約國人民，故
與國內法具同等地位。

2 不直接生效：指條約批准後，尚須經締約國依法定程序
的承認，始對該國人民發生效力。

第二節　間接淵源

係指須經國家承認，始發生法律效力者，如習慣、法理、
判例、學說與外國法等，茲分述如次：

一、習慣

習慣爲現實社會團體生活中的一般人就同一事項，反覆爲
同一行爲的慣行或習俗。習慣之得爲法律淵源，乃基於《民法》
總則第1條規定：「民事，法律所未規定者，依『習慣』，無習
慣者，依法理。」與第2條：「民事所適用之『習慣』，以不背
於公共秩序或善良風俗者爲限。」而來。其中第1條之「習
慣」，係指「習慣法」而言；第2條之「習慣」，則兼指「習慣法」
及「事實上的習慣」而言（王澤鑑，1995：25-8），茲分析如

次：

（一）習慣法

係指社會上不特定多數人多年反覆慣行之事實，且具有法之確信的無形規範。惟形式上仍須透過法院之適用，始認其有法之效力。法院如認其有背公序良俗，即不認有法之效力。換言之，習慣一經法院適用，認其具有「法的效力」，即為習慣法。我國實務上一向認為，習慣成為習慣法的要件有四：

1 須為一般人多年慣行之事實。

2 須一般人對該習慣，存有法的確信。

3 須該習慣不違反公序良俗：不論習慣法或事實上習慣，違反公序良俗者，均無適用餘地。

4 須為法律所未規定者。

蓋法律與習慣同時規定時，必從法律。惟法律未規定（《民法》第1條前段）或因法律之特別規定而具有優先效力（《民法》第207條第2項）時，就我國民法言，則依習慣。另就我國刑法言，基於罪刑法定主義之原則（《刑法》第1條），應排斥習慣的適用。

（二）事實上的習慣

此僅屬一種慣行，尚缺法之確信，不具法源地位，無補充法律之效力，不能做為民事裁判的依據。

二、法理

　　乃指法律爲謀求社會生活之和諧，而就法律之性質、目的、手段等面向，所演繹出的一般法律原則。蓋法律現象無窮，非有限之法律條文所能概括，故須借助法理補充。《民法》第1條即規定：「民事，法律所未規定者，依習慣，無習慣者，依法理」，所以法理得成爲法律淵源，茲補充說明如次（王澤鑑，1995：29-33）：

(一) 民事法律無規定時

　　法律優先於習慣之適用，又習慣優先於法理之適用，故僅當法律與習慣無規定時，方得適用法理以資補充。

(二) 民事法律有規定時

　　即法律雖有明文規定，但依現存的法條解釋仍無法知曉法律之意旨所在時，亦得運用法理解釋。

(三) 法理不得做爲刑事法律的法源

　　蓋刑法涉及對人民處罰問題，爲了保障人權，防止司法機構專斷，故民主國家多採罪刑法定主義爲原則。即當法律無明文規定，亦不許比附援引或援用法理做爲論罪科刑的依據。

三、判例

(一) 意義

乃法院對於訴訟案件所爲之判決，並成爲以後裁判同類案件所援用的先例，故又稱爲判決先例。判例如經反覆援引，自然可產生「法的確信」，對審判官亦發生效力，除可補充法律不足，並可統一法令見解，維持法律秩序的安定性。此外，亦可供立法機關制定、修改或廢除法律的參考，自得爲法律的間接法源。

(二) 判例的拘束力

判例的效力在不同法系國家並不相同，茲就英美法系與大陸法系之別，分述如次：

1、英美法系 (不成文法國家)

如英國者，判例即法律。因在英國法律形成的初期，法官採取各地的習慣，以審判權創造成法，故稱英國普通法，即所謂的「法官造法」（judge-made law）。而法院判案，遇有相同或類似的案件時，受前判決的拘束，故判例的效力與法律相同，而成爲法律最主要的法源。

2、大陸法系 (成文法國家)

大陸法系國家因嚴守立法與司法分權，故否定判例具有法律上的拘束力，但法院就相同或相似的案件，應避免做成歧異或相互牴觸的判決，故判例在大陸法系仍有實質的拘束力。

（三）判例在中華民國的地位

中華民國最高法院所為之判例，不僅最高法院本身必須遵守，其所屬各級法院亦應受其拘束（《法院組織法》第57條）。此外，中華民國最高法院所為之判例並非不能改變，而是必須經過「變更判例會議」，做成變更判例之決議，始得變更。

四、學說

乃學者所發表的私人意見，並無形式的法律效力可言，但權威性的見解常有助於法律的制定、修改或解釋，且經採納而成為立法或判決的依據者亦非罕見，故在實質上頗具影響力，而得為法律的淵源。惟學說影響力的程度、範圍或根據，恆因各國法律制度或法律領域而異。

第四章　法律的類別

第一節　公法、私法與公私綜合法

一、公法與私法的區別學說（吳庚，1999：27-34）

（一）利益說（另稱「目的說」）

1 公法：規範公共利益的法律。

2 私法：規範個人利益的法律。

3 缺點：公共利益與個人利益有時難以劃分，如憲法為公法，但設有保障人民基本自由權利的規定。民法為私法，但民法中以保護公益為目的的規定，頗為常見，如《民法》第72條規定「法律行為有違背公序良俗者無效」、《民法》第219條規定「行使債權履行債務，應依誠實原則」等，凡此均屬保障公益的規定。故利益說尚難解釋二者的區別。

（二）權力說（另稱「從屬說」、「加值說」）

1 公法：規範上下隸屬關係的法規。

2 私法：規範平等關係的法規。

3 缺點：《國際公法》為公法，並未規定權力者與服從者間的關係，國際社會內的各國均立於平等地位。《民法》為私法，然而《民法》親權的行使，即有權力者與服從者二者間的關係，例如《民法》第1085條規定：「父母得於必要範圍內，懲戒其子女。」故權力說亦難說明二

者的區別。

（三）應用說

1 公法：不許私人任意拋棄的法規。

2 私法：私人得自由拋棄的法規。

3 缺點：《刑法》爲公法，舉凡誹謗、傷害、通姦等，均屬「告訴乃論」，受害人得拋棄其告訴權。《民法》爲私法，然而《民法》第17條第1項規定：「自由不得拋棄。」故應用說仍難圓滿說明二者的區別。

（四）舊主體說

1 公法：法律關係一方爲行政主體或國家機關。

2 私法：法律關係的主體權全屬私人者。

3 缺點：公法中亦有規定純私人間的關係者，如《刑法》第2編分則第17章「妨害婚姻及家庭」、第27章「妨害他人的名譽及信用」。私法中亦有規定國家與人民間關係者，如《公司法》爲私法，但《公司法》第181條即規定「政府與私人間的契約行爲」，故本說亦不能說明公私法的區別。

（五）新主體說（另稱「特別法規說」）

1 公法：係公權力主體或其機關所執行的職務法規，其賦予權力或課予義務的對象僅限於公權力主體或其機關，而非任何人。

2 私法：對任何人皆可適用，均有發生權利義務之可能的法規。

❸區分標準：依立法者訂定法規之際所做的決定，若基於
公共利益之維護，將特定之範圍或某項規定從一般法規
（私法）中分離，而成為特別法規者，即為公法。

二、區別

（一）法律原則不同

❶公法採依法行政原則，故公法行為應遵守行政程序法之
法定程序。

❷私法採私法自治原則（例外：除少數強制或禁止規定）。

（二）法律救濟途徑不同

❶公法案件原則上應以行政爭訟程序（針對不當的行政處
分，可提起訴願及行政訴訟）或刑事訴訟程序加以救
濟。

❷私法案件，如發生權利義務方面的爭執，可提起民事訴
訟。

三、公私綜合法[1]

　　以上各說雖各持之有故，論之成理，但無法全然劃分公私
法的區別，此乃法律性質隨人類社會需求迅速變易，所以今日
保障私益的法律，亦必兼顧社會的公利，此種現象稱為「私法
之公法化」或「法律之社會化」。因此，今日法律多具公私法的
性質，故區分公私法的必要性已非重要。

第二節　母法與子法

一、意義

　　即以法律產生的相互關係作爲區分標準。蓋一種法律根據他種法律而產生者，其所出之法爲子法，所從出之法爲母法。例如，《憲法》第24條規定：「凡公務員違法侵害人民之自由或權利者，除依法律受懲戒外，應負刑事及民事責任。被害人民就其所受損害，並得依法律向國家請求賠償。」據此，而制定《國家賠償法》。

二、區別

（一）時間有前後

　　母法的制定時間恆在子法之前。

（二）效力有強弱

　　子法乃依據母法或附屬母法而存在，故母法失效，子法便隨同失效；但子法失效，母法未必因子法失效而受影響。

（三）內容有繁簡

　　通常母法作原則性規定，子法作具體性規定。例如，《憲

法》第61條規定：「行政院之組織，以法律定之。」據此而制定《行政院組織法》，蓋《行政院組織法》第1條便指明「本法依憲法第六十一條制定之」，由此可知《憲法》第61條即為《行政院組織法》之母法。

另子法之下，可再制定子法。例如《行政院組織法》第5條規定：「行政院設主計處及新聞局，其組織另以法律定之。」據此而制定《行政院新聞局組織條例》，由此可知《行政院組織法》第5條即為《行政院新聞局組織條例》之母法。《行政院新聞局組織條例》即專就《行政院組織法》第5條的原則性規定，而對行政院新聞局的組織做具體而詳細的規定。

第三節　強行法與任意法

一、意義

（一）強行法

即法律之規定因涉及公益或公共秩序，不容許當事人自由選擇，而必須絕對適用。例如：殺人者，處死刑、無期徒刑或十年以上有期徒刑（《刑法》第271條）屬之；換言之，凡殺人，必處死刑、無期徒刑或十年以上有期徒刑。

公法大多屬強行法，但非必盡為強行法。例如《刑法》為公法，《刑法》內有關妨害名譽及信用等罪（《刑法》第2編分則第27章）之規定，均屬告訴乃論範圍，當事人得不告訴，即

當事人得以自己意思變更適用，故為任意法。

（二）任意法

　　即法律之規定，不涉及公共秩序或公共利益，故容許當事人依自己意思決定適用與否。例如，《民法》第1219條規定：「遺囑人『得』隨時依遺囑之方式，撤回遺囑之全部或一部。」換言之，遺囑人「得」[2]依己意，不受干涉。

　　私法大多屬任意法，但亦有例外情形。例如《民法》第205條規定：「約定利率，超過週年百分之二十者，債權人對於超過部分之利息，無請求權。」乃為任意法中的強行規定，不容當事人自由變更。

二、種類

（一）強行法

1、強制法規

　　又稱「命令規定」，乃強制當事人為某種行為之規定，如人民有納稅的義務（《憲法》第19條）。

2、禁止法規

　　乃禁止當事人為某種行為之法規，如公務員不得經營商業或投機事業（《公務員服務法》第13條）。

（二）任意法

1、補充法規

乃當事人就某一法律關係缺乏約定時，由法律預設適用的準則，以補充當事人意思之不足，如當事人另有約定，即排除其適用。例如負損害賠償責任者，除法律另有訂定外，應回復他方損害發生前之原狀（《民法》213條第1項）。

2、解釋法規

乃當事人就某一法律關係的意思不完全或不明確時，由法律預設一定效果，以釋明其義。例如當事人對於必要之點，意思一致，而對於非必要之點，未經表示意思者，推定其契約為成立（《民法》第153條第2項）。

三、區別

（一）違反任意法者

當事人得自由決定是否遵守，亦即當事人間的意思表示或行為，縱使違反任意法的規定，只要經事前合意，或事後別無異議，當事人之間的意思表示或行為，並不因為違反任意法而影響其效力，其行為亦屬有效。

（二）違反強行法者

通常會發生以下幾種的法律效果：

1、處罰

例如公務員不得經營商業或投機事業（《公務員服務法》第13條第1項），凡公務員對於主管或監督之事務，直接或間接圖利，而違反規定者，處一年以上七年以下有期徒刑，得併科七千元以下罰金。犯前項之罪者，所得之利益沒收之。如全部或一部不能沒收時，追徵其價額。（《刑法》第131條）

2、無效

例如法律行為，違反強制或禁止之規定者，無效。（《民法》第71條）、結婚未符公開之儀式及二人以上之證人，無效。

3、撤銷

例如未滿十八歲之男子與未滿十六歲之女子結婚（《民法》第980條），其當事人或其法定代理人，得向法院請求撤銷之（《民法》第989條）。

4、處罰並撤銷[3]

例如因被詐欺或被脅迫而結婚者，得於發見詐欺或脅迫終止後，六個月內向法院請求撤銷之（《民法》第998條）；因而致婚姻無效之裁判或撤銷婚姻之裁判確定者，並得處三年以下有期徒刑（《刑法》第238條）。

5、處罰並無效

例如與直系血親結婚者，其婚姻為無效（《民法》第983條），並應處以五年以下徒刑（《刑法》第230條）。

第四節　國內法與國際法

一、意義

（一）國內法

乃指規範一國之領域內，所有關於個人間、團體間或團體與個人間的法律關係。

（二）國際法

又稱《國際公法》[4]，乃指一般國際社會所共同承認並遵行的法則[5]（以「習慣」及「條約」為其主要淵源），且為規範國際社會內國家間的法律關係。

二、區別

（一）法律適用的主要對象不同

1 國內法：以一國領域之內的法人與自然人為主。
2 國際法：以國家（公法人）為主。

（二）制裁方式不同

1 國內法：藉由公權力對違法者執行懲罰。

2 國際法：可能由被侵權國家、第三國或國際組織對侵權國採取調解或報復行為。

（三）效力範圍不同

1 國內法：對國內所有人具廣泛的拘束力（特別法除外）。

2 國際法：只對明示或默示而合意的國家具有拘束力。

三、適用

國際法與國內法發生牴觸時，學說有三：

（一）國內法優先

即國際法非經國內議會之批准，不得拘束國內人民。例如，《法國第五共和憲法》第53條第1項規定：「媾和條約、商務條約、有關國際組織之條約或協定、涉及國家財政之條約或協定、涉及修改具有法律性規定之條約或協定、有關個人身分之條約或協定，以及有關領土之讓與、交換、歸併之條約及協定，非依法律不得批准及認可。」（國民大會秘書處，1996b：286）

（二）國際法優先

即該國之憲法或法律中規定有國際法優先之效力者。例如，《西班牙王國憲法》第93條規定：「得以基本法授權締結條約，將源自憲法之權力賦予國際組織或機構。在不同情況下，國會或政府應保證執行被授權之國際組織或跨國組織所簽訂之條約及所作之決議。」（國民大會秘書處，1996b：174）

（三）折衷說

1 國內法所規定事項涉及主權行使，而與國際事務規定無關，國內法之效力優先約定國際法。

2 習慣國際法或約定國際法所約定事項涉及國際性質，並與國內法相牴觸時，應優先適用國際法。

第五節　成文法與不成文法

一、意義

（一）成文法

　　成文法係指法律依法定程序所制定，並公布施行。例如《憲法》第170條規定：「本憲法所稱之『法律』，謂經『立法院通過』，『總統公布』之法律。」換言之，必須符合「立法院通過」及「總統公布」這兩個法定程序，方能成為中華民國法律。

（二）不成文法

　　不成文法乃不經立法程序而由國家承認一定的事項為法律，其承認的方法乃經由判例。英國乃典型的不成文法國家，其法律以習慣為基礎，經由判例的承認，而使習慣具有法律效力。故在不成文法國家，判例即為法律。

二、比較

　　成文法在於有法典爲依據，關於人民與政府的權利與義務均有規範；此外，成文法的制定、修改或廢止皆有既定的實施程序與日期，人民得依法行事，政府得依法行政，故適法清楚明確。一般而言，大陸法系國家皆屬成文法國家。

　　不成文法則以判例爲基礎，判例乃先前法官根據人民奉行已久的習慣（該習慣不背公序良俗），再斟酌實際情況（衡平）所作成的判決，該判決並對往後相同或類似的案件具有拘束力。正由於判例係根據人民奉行已久的習慣作成，故法律與人民的生活契合無間，不生窒礙難行之弊。一般而言，英美法系國家皆屬不成文法國家。

第六節　實體法與程序法

一、意義

（一）程序法

　　乃規定如何實現（包括行使權利、履行義務、確定責任、效果及範圍等方法）實體法律關係的法律，如《民事訴訟法》、《刑事訴訟法》等。然程序法中並非全無如何實現實體法律關係之規定，例如《票據法施行細則》第3條規定：「票據上之金

額，以號碼代替文字記載，經使用機械辦法防止塗銷者，視同文字記載。」即屬實體法之規定。

（二）實體法

乃規定法律關係實體內容（權利、義務、責任、效果及其範圍）的法律，例如《民法》、《刑法》等。但實體法中非必全無程序法者，例如《民法》總則第25條至65條有關法人的相關規定，即屬程序法。

二、區別

1 在實務適用上，程序審查，先於實體審查；如不合程序，應即駁回。

2 實體法無規定時，法院不能以之為理由而拒絕審判；惟程序法無規定時，法院不能類推適用。

3 實體法如有修改，其效力以不溯及既往為原則，亦即自新法公布施行生效時起，適用新的法律，以決定法律關係的實體內容；但程序法如有修改，即使是舊法時代所發生的法律關係，如程序尚未終結，亦應適用新程序法的規定來處理，此即所謂「程序從新原則」。

第七節　普通法與特別法

一、意義

（一）普通法

　　凡以概括方法規定一定之事項，適用於全國一般之人、事、時、地的法律皆屬之，例如《民法》、《刑法》。

（二）特別法

　　凡以概括方法規定一定之事項，適用於全國特定之人、事、時、地的法律皆屬之，例如《少年福利法》、《教師法》。

二、區別

（一）須有兩種以上法律同時有效存在

　　蓋普通法與特別法乃就兩種以上法律所規定的內容，互相比較而為認定，若僅有一種法律有效存在，而無其他同時存在的有效法律，則普通法與特別法無成立之餘地。

（二）須此兩種以上法律對於同一事件均有所規定

　　若此兩種以上法律，雖均為有效存在，若其所規定的事件

並不相同，便無所謂普通法與特別法。

（三）須此兩種以上法律，對於同一事件有不相同的規定

當此兩種以上法律，對於同一事件作相同之規定時，其結果將屬一致，則無所謂普通法與特別法存在的必要。惟此兩種以上法律，對於同一事件作相異之規定時，則應適用其中一種法律的規定，方有普通法與特別法存在的意義。

三、特別法的種類

（一）人的特別法

指適用於特定人的法律，如《兒童福利法》，該法所適用之兒童，指未滿十二歲之人（《兒童福利法》第2條）。

（二）事的特別法

指適用於特定事項的法律，如《藥事法》第1條規定：「藥事之管理，依本法之規定。」

（三）時的特別法

指適用於特定時期的法律，如《臺灣地區與大陸地區人民關係條例》僅適用於「國家統一前」（《臺灣地區與大陸地區人民關係條例》第1條）。

（四）地的特別法

指適用於領域內特定地區的法律，如《臺灣省各縣市消防

局組織規程準則》只適用於臺灣省，而不適用於臺灣省以外的區域。

四、實例

區別普通法與特別法的實益，在於適用「特別法優於普通法」原則。例如《耕地三七五減租條例》第1條規定：「耕地之租佃，依本條例之規定；本條例未規定者，依『土地法』及其他法律之規定」，故《土地法》為《耕地三七五減租條例》之普通法，《耕地三七五減租條例》為《土地法》之特別法，遇有普通法與特別法均有規定時，應優先適用特別法。

特別法與普通法亦係相對名稱，即因二種法律比較而成。故在某一場合為特別法，在另一場合得為普通法。例如《土地法》為《民法》的特別法，但為《實施都市平均地權條例》的普通法。

第八節　原則法與例外法

一、意義

（一）規定於同一條文

原則法與例外法若規定於同一條文中，即所謂「但書」[6]規定，例如《民法》第73條：

「法律行為，不依法定方式者，無效：『但』法律另有規定者，不在此限。」
　　　　原則法　　　　　　　　　　　　　　例外法

（二）規定於不同條文

1、原則法

乃於一般情形下，特定事項應適用的法律，例如根據《民法》第13條第1項規定：「未滿七歲之未成年人，無行為能力」；《民法》第13條第2項規定：「滿七歲以上之未成年人，有限制行為能力」；《民法》第12條規定：「滿二十歲為成年」，成年始具行為能力；反之，未滿二十歲之人為未成年人，僅享有限制行為能力或無行為能力。

2、例外法

乃於例外情形下，特定事項不適用原則法的規定，例如《民法》第13條第3項規定「未成年人已結婚者，有行為能力」，故未滿二十歲之已結婚者即不受滿二十歲為成年的限制；換言之，《民法》第13條第3項即為《民法》第12條原則法的例外法。

原則法與例外法亦為相對名稱，即一法條在某一場合為例外法，但在另一場合得為原則法，例如《民法》第184條規定「侵害他人權利的行為人，應負損害賠償責任」，是為原則法；但《民法》第187條第1項規定「『無行為能力人』或『限制行為能力人』，不法侵害他人之權利者，以行為時有識別能力為限，與其法定代理人連帶負損害賠償責任。行為時無識別能力者，由其法定代理人負損害賠償責任」是為《民法》第184條之例外法；然《民法》第187條第2項復規定：「前項情形，法定

代理人如其監督並未疏懈，或縱加以相當之監督，而仍不免發
生損害者，不負賠償責任」又爲《民法》第187條第2項之例外
法。

二、區別

（一）適用

適用例外法，應以明文規定者爲限。當符合例外法規定
時，即排除原則法的適用。

（二）解釋

應本「例外法的解釋須從嚴」的原則，不得運用「類推解
釋」或「擴張解釋」。

（三）舉證責任

原則法的舉證責任在原告，例外法的舉證責任在被告。

第九節　永久法與暫時法

一、永久法

又稱經常法，乃指法律制定時，即含有永存之性質，如：
《民法》、《刑法》等屬之。

二、暫時法

又稱限時法，乃指法律制定時，即含有臨時之性質，以因應一時需要，而予以制定，迨事過境遷，即予以廢止或另定他法取代，如《臺灣地區與大陸地區人民關係條例》乃因應國家統一前之需要而制定（《臺灣地區與大陸地區人民關係條例》第1條），當國家統一後，該條例自然廢止。

第十節　固有法與繼受法

一、固有法

乃指根據本國傳統固有之文化、風俗、習慣等因素所制定的法律，如中國的《秦律》、《漢律》等屬之。

二、繼受法

乃指本國因襲（全部或部分繼受）外國所制定的法律，如《中華民國民法》乃繼受《德國民法》與《瑞士民法》制定而成。

第十一節　平時法與戰時法

一、平時法

乃國家於承平時期所適用的法律，如《民法》、《刑法》等屬之。

二、戰時法

乃國家於戰亂時期所適用的法律，如《戒嚴法》、《國家總動員法》、《戰時軍律》等法律是。依中華民國現行立法例，舉凡法律名稱冠以「戰時」、「非常時期」、「戡亂時期」或「動員戡亂時期」等字樣者，大抵皆為戰時法。

第十二節　嚴格法與衡平法

一、嚴格法

乃指法院或其他適用法律者，對法律所規定的事項，必須嚴格硬性的適用，且無斟酌伸縮之餘地。換言之，法律對於一定的法律事實，必須發生一定相對應的法律效果，並且不容審

判者有絲毫的自由裁量權。例如《民法》第12條規定：「滿二十歲為成年」，成年人具完全之行為能力與責任能力；一般情況下，不容許法院或其他適用法律者變更，是其適例。

二、衡平法

乃指法院或其他適用法律者，對法律所規定的事項，得斟酌事理以為裁判。換言之，審判者對於一定的法律事實，得由審判者就該法律事實之特性做自由裁量，並發生法律效果。例如《民法》第252條規定：「約定之違約金過高者，法院得減至『相當』之數額」，其所謂「相當」，係由審判者根據事理，採自由裁量方式決定之。

第十三節　直接法與間接法

一、直接法

乃就社會法律關係直接規定，而逕行適用的法律，如《民法》、《刑法》。

二、間接法

乃對於直接法所規定的事項，如何輾轉適用，以解決本國法律與外國法律之間的衝突法，如《涉外民事法律適用法》。

第十四節　時際法與過渡法

一、時際法

指當一個法律事實發生於新法與舊法變更之際，決定應如何適用新法或舊法之法律。通常依「法律不溯及既往原則」處理，即任何人，非依據行爲前所制定公布之法律，不受處罰。因此，如行爲時屬於適法行爲，其後法律雖已變更成爲違法行爲，仍不得溯及既往，加以處罰。惟行爲後所變更之新法，如對行爲人有利（如科刑較輕時），自得爲溯及之適用（《中央法規標準法》第18條）。

二、過渡法

指當法律發生變更之際，規定如何由舊法過渡到新法的法律。如《第一次憲法增修條文》第8條規定：「動員戡亂時期終止時，原僅適用於動員戡亂時期之法律，其修訂未完成程序者，得繼續適用至中華民國八十一年七月三十一日止」，即屬由舊法過渡到新法的法律規定。

註釋

[1]學者有稱公私綜合法爲「社會法」，但學者鄭玉波認爲社會法涵義甚狹，故應稱爲「公私綜合法」。

[2]法律上的「得」，即指「可得，可不得」，故有選擇性；法律上的「應」，即指「一定要」，故無選擇性可言。

[3]按一般法律行爲經撤銷者，原應自始無效（《民法》第114條），但婚姻行爲不同，結婚撤銷的效力，不溯及既往（《民法》第998條）。

[4]另有所謂「國際私法」，乃是內國法院對含有涉外因素的訴訟事件，選擇法律適用的法則；嚴格論之，國際私法爲國內法。中華民國內國法院對含有涉外因素的訴訟事件，選擇法律適用的法則爲《涉外民事法律適用法》。

[5]《國際法院規約》第38條第1項規定：「國際法院依國際公法審判國際爭端時，應適用：一、當事國所認可的一般性或專門性國際條約；二、法律所認許的國際習慣足爲慣行的證據；三、文明國家所共認的法理；四、各國的判例與著名的學說。」

[6]鄭玉波（譯解），《法諺（一)》，台北市：三民，頁177-81。

第五章　法律的興替

第一節　法律的制定

一、制定的機構

（一）憲法制定機構

中華民國憲法乃是由民選之「制憲國民大會」制定，並於制定完成後解散，再交由民選之「行憲國民大會」行使（修改與廢止）。（謝政道，2001：17-29）

（二）法律制定機構

1、中央立法機構

依《憲法》第170條規定：「本憲法所稱之法律，謂經『立法院』通過，總統公布之法律」，而立法院乃由人民採直接選舉方式產生的立法委員組成，並代表人民行使中央之立法權（《憲法》第62條）。

2、地方立法機構

依據《憲法》第11章「地方制度」的規定，地方立法機構得制定自治法，如省議會、直轄市議會、縣（市）議會屬之。惟前述部分條款經《中華民國憲法增修條文》凍結後，再經《地方制度法》之規範，直轄市、縣（市）、鄉（鎮、市）得就其自治事項或依法律及上級法規之授權，制定「自治法規」。自

治法規經地方立法機關通過，並由各該行政機關公布者，稱
「自治條例」；自治條例應分別冠以各該地方自治團體之名稱，
在直轄市稱「直轄市法規」，在縣（市）稱「縣（市）規章」，
在鄉（鎮、市）稱「鄉（鎮、市）規約」（《地方制度法》第26
條），且不得違背憲法、法律、中央法令或基於法律授權之法規
（《地方制度法》第75條）。

3、創制法律機構

(1)行憲國民大會

　　依《憲法》第27條第2項的規定，行憲國民大會得行使創
制法律、複決法律之權。然此二權之行使，原須俟國有過半數
的縣市曾有行使二權的經驗後，方得由行憲國民大會制定辦法
行使。

　　行憲國民大會曾於1966年修訂《動員戡亂時期臨時條款》，
解除《憲法》第27條的限制，賦予國民大會得於動員戡亂期間
制定《國民大會創制複決兩權行使辦法》，以創制中央法律及複
決中央法律，但截至1991年5月1日《動員戡亂時期臨時條款》
終止，行憲國民大會未曾使用創制複決兩權。（謝政道，
2001：101-7）

(2)人民

　　依《憲法》第17條規定，人民有創制權與複決權；另《憲
法》亦於第136條規定，創制、複決兩權之行使，以法律定之。
然因目前人民行使創制權與複決權的相關法律尚未經立法院通
過，因此人民無法行使該權。

（三）命令制定機構

根據《中央法規標準法》第7條規定，中華民國各行政機關可依其法定職權或基於法律授權訂定命令，應視其性質[1]分別下達或發布，並送立法院備查。另根據《地方制度法》第25條之規範，直轄市、縣（市）、鄉（鎮、市）得就其自治事項或依法律及上級法規之授權，制定「自治法規」。「自治法規」由地方行政機關訂定，並發布或下達者，稱「自治規則」。辦理自治或委辦事項所制定之「自治規則」，不得違背憲法、法律、中央法令或基於法律授權之法規（《地方制度法》第75條）。

二、制定的程序

（一）提案

依中華民國現行制度之規定，立法院（《立法院議事規則》第8條）、行政院（《憲法》第58條）、司法院（《大法官會議釋字第175號解釋》）、考試院（《憲法》第87條）與監察院（《大法官會議釋字第3號解釋》），均具有法律提案權，故可向立法院提出法律案。提案時應符合以下原則：

1 法律案之提出，應以書面行之，並附具條文及立法理由（《立法院議事規則》第7條）。

2 立法委員提出之法律案，應有三十人以上之連署（《立法院議事規則》第8條第1項）；行政院提出之法律案應經行政院會議議決通過（《憲法》第58條）；考試、監察、

司法三院及其所屬機構，得就其主管事項（不得侵犯他院職權），經其主管院同意後，以其主管院之名義對立法院提出。

3 法律案提出後，原提案人在該提案未經立法院議決前，得撤回其提案；若立法委員欲撤回提案時，應先徵得連署人之同意（《立法院議事規則》第8條第2項）。

（二）審查

1、交付委員會（付委）

法律案提出後，可先交由立法院相關委員會審查。各委員會所議事項，有與其他委員會相關聯者，除由院會決定交付聯席審查者外，得由召集委員報請院會決定與其他有關委員會開聯席會議（《立法院各委員會組織法》第13條）。

2、備詢與陳述意見

立法院各種委員會開會時，得邀請政府人員及社會上有關係人員到場備詢（《憲法》67條第2項），應邀列席人員，得就所詢事項說明事實或發表意見（《憲法》71條、《立法院各委員會組織法》第8條）。

3、審查議案後應以書面提報院會

各委員會審查議案之經過及決議，應以書面提報院會討論，並由決議時之主席或推定委員一人向院會說明（《立法院各委員會組織法》第11條）。

（三）討論

　　政府機構所提之法律案，應先經相關委員會的審查，再報告院會討論，必要時亦得逕提院會討論。立法委員所提之法律案，則應先經院會討論。凡法律案應經三讀會討論（《立法院職權行使法》第7條）：

１第一讀會程序（《立法院職權行使法》第8條）：

①第一讀會，由主席將議案宣付朗讀行之。

②政府機關提出之議案或立法委員提出之法律案，應先送程序委員會，提報院會朗讀標題後，即應交付有關委員會審查。但有出席委員提議，四十人以上連署或附議，經表決通過，得逕付二讀。

③立法委員提出之其他議案，於朗讀標題後，得由提案人說明其旨趣，經大體討論，議決交付審查或逕付二讀，或不予審議。

２第二讀會程序：

①第二讀會，於討論各委員會審查之議案，或經院會議決不經審查逕付二讀之議案時行之。（《立法院職權行使法》第9條第1項）

②第二讀會，應將議案朗讀，依次或逐條提付討論。（《立法院職權行使法》第9條第2項）

③第二讀會，得就審查意見或原案要旨，先作廣泛討論。廣泛討論後，如有出席委員提議，三十人以上連署或附議，經表決通過，得重付審查或撤銷之。（《立法院職權行使法》第9條第3項）

④法律案在第二讀會逐條討論，有一部分已經通過，其餘仍在進行中時，如對本案立法之原旨有異議，由出席委員提議，五十人以上連署或附議，經表決通過，得將全案重付審查，但以一次爲限。（《立法院職權行使法》第10條）

3 第三讀會程序（《立法院職權行使法》第8條）：

①第三讀會，應於第二讀會之下次會議行之。但出席委員如無異議，亦得於二讀後繼續進行三讀。

②第三讀會，除發現議案內容有互相牴觸，或與憲法及其他法律相牴觸者外，只得爲文字之修正。

（四）決議

1、表決時間（《立法院議事規則》第34條）

議案經討論後，主席應即提付表決，或徵得出席委員同意後定期表決。

2、表決數額

立法院會議之決議，除法令另有規定外，以出席委員過半數之同意行之；可否同數時，取決於主席（《立法院職權行使法》第6條）。出席委員對於表決結果，經三十人以上連署或附議，得要求主席重付表決，但以一次爲限（《立法院議事規則》第39條）。

3、表決原則

表決時，通常採公開方式（公開原則），由立法委員依一人一票，票票等值方式進行投票（平等原則），但立法委員對於關

係其個人本身之議案，不得參與表決（利害迴避原則）。

4、表決方法（《立法院議事規則》第35條）

1 口頭表決。

2 舉手表決。

3 表決器表決。

4 投票表決。

5 點名表決。

5、反決議

係指法案經表決通過後，由法定機構提議要求立法機構對相同法案進行第二次表決。中華民國現行制度對於反決議的方式有二：

(1)復議（reconsideration）

乃立法院對遭否決之法律案，或經立法院通過而尚未移請總統公布前，由立法委員依立法院議事規則之規定[2]，要求對先前表決之法案部分條文或全案進行再議，故屬立法院自為的事後補救措施。決議案復議之提出，應具備下列各項規定（《立法院議事規則》第42條）：

1 證明動議人確為原案議決時之出席委員，而未曾發言反對原決議案者；如原案議決時，係依表決器或投票記名表決或點名表決，並應證明為贊成原決議案者。

2 具有與原決議案不同之理由。

3 四十人以上之連署或附議。

此外，對於法律案之部分或全案之復議動議，應於原案表決後下次院會散會前提出之。但討論之時間，由主席徵得出席

委員同意後決定之（《立法院議事規則》第43條）。復議動議經表決後，不得再爲復議之動議（《立法院議事規則》第45條）。

(2)覆議（vote）

乃總統制的特徵，即行政部門對立法部門之決議權要求重做考慮的合憲行爲。中華民國憲法所規定之覆議權屬於行政院，其發動要件（《第六次憲法增修條文》第3條第2項第2款）爲：

1行政院對於立法院決議之法律案、預算案、條約案，如認爲有窒礙難行時，得經總統之核可，於該決議案送達行政院十日內，移請立法院覆議。

2立法院的因應方式：

①正常會期：立法院對於行政院移請覆議案，應於送達十五日內作成決議；覆議案逾期未議決者，原決議失效。

②休會期間：立法院應於七日內自行集會，並於開議十五日內作成決議；覆議案逾期未議決者，原決議失效。

3法律效果：覆議時，如經全體立法委員二分之一以上決議維持原案，行政院院長應即接受該決議。

（五）公布

1、公布的機構

依《憲法》第27條規定：「總統依法公布法律，發布命令，須經行政院院長之副署，或行政院院長及有關部會首長之副署。」因此法律公布權屬於總統。

2、公布的方法

中華民國法律之公布兼採公報公布法（即將法律刊登於政府公報）及揭示法（乃將法律條文揭示於公共場所，使眾所周知）。

（六）施行

依《中央法規標準法》第12條之規定：「法規應規定施行日期，或授權以命令規定施行日期」，分析如次：

1、公布與施行的日期相同

法規明定自公布或發布日施行者，自公布或發布之日起算至第三日起發生效力（《中央法規標準法》第13條）。

2、公布與施行的日期不同

法規特定有施行日期，或以命令特定施行日期者，自該特定日起發生效力（《中央法規標準法》第14條）。

3、同一法律有不同之施行日期及區域者

法規定有施行區域或授權以命令規定施行區域者，於該特定區域內發生效力（《中央法規標準法》第15條）。

第二節　法律的變更

一、法律的修正

法律係因應人類社會生活的需要而產生，自當因應人類社會的需要而修改，以適應人類社會變遷的需要，茲說明如次：

(一) 原因 (《中央法規標準法》第20條)

1、政策與事實變更

基於政策或事實上需要，原法律的內容有增減的必要，故須修正。

2、有關法律已修正

與原法律相關的法律業經修正，故須配合修正以適應新的情況。

3、規定的機構有變更

原法律規定的主管機構或執行機構，發生裁併或變更，應另訂主管或執行的機構。

4、規定的內容有重複

同一事項規定於二種以上的法規，無分別存在的必要，故予修刪。行政命令有上述原因時，亦應修正。

（二）機構

根據《中央法規標準法》第20條第2項的規定，我國法律的修正程序與制定程序相同，即有權提出法律案的機構，即有權提出法律修正案。

（三）程序

由有權修改機構咨送立法院審議，並經三讀會通過，完成立法程序，再依《憲法》第37條所規定的副署程序，由總統於收到修正的法律案後十日內公布。

（四）修正後的適用

1、特別法

其他法律所規定之同一事項，法律作特別規定者，依「特別法優於普通法原則」應適用特別法；其他法律修正後，仍應優先適用特別法（《中央法規標準法》第16條）。

2、適用法或準用法

對於某一事項，法律規定應適用或準用其他法律之規定，其他法律修正後，仍應適用或準用其規定（《中央法規標準法》第17條）。

二、法律的廢止

法律的廢止，即依法定程序，廢棄現行有效的法律，茲說明如次：

（一）原因（《中央法規標準法》第21條）

1、機構裁併

主體不存在，與其有關的法律自無保留的必要。

2、規定事項已完成

法律規定的事項，已執行完成，或雖未完成，而因情勢變遷，無繼續施行的必要，法律亦應廢止。

3、有關法規的廢止

有關法律已廢止或修正，法律失去其依據，同時亦無單獨施行的必要，該法律應予廢止。

4、新法已實行

同一事項，已有新法公布施行，舊法已無存在的必要。

（二）機構

制定法律的機構通常即廢止法律的機構。我國廢止法律機構為立法院（《中央法規標準法》第22條第1項），廢止行政命令機構為原發布機構。（《中央法規標準法》第22條第2項）

（二）程序

法律之廢止，應經立法院通過，總統公布。（《中央法規標準法》第22條第1項）

（四）方式

1、明示廢止

❶法律與命令之廢止，得僅公布或發布其名稱及施行日期；並自公布或發布之日起，算至第三日起失效。（中央法規標準法第22條第3項）

❷法規定有施行期限者，期滿當然廢止，不適用前條之規定。但應由主管機關公告之。（《中央法規標準法》第23條）

2、默示廢止

❶基於從新從優原則。（《中央法規標準法》第18條）

❷法律喪失其施行對象。

（五）施行

1、施行定有期限者

❶期滿當然廢止，故由主管機構公告即可。

❷法律雖定有期限，主管機構認為需要延長時，應於期限屆滿一個月前送立法院審議，以資延長。行政命令需要延長時，原發布機構可發布命令延長，但須於期限屆滿前一個月為之。（《中央法規標準法》第24條）

2、施行未定期限

❶應經立法院通過，總統公布之程序。公布時，得僅公布其名稱及施行日期，內容無再行公布的必要。至於廢止的生效日期，自公布之日起算至第三日，即為法律失效

之日。行政命令失效期日的計算，亦同。（《中央法規標準法》第22條）

2至於原發布行政命令的機構已裁併，無法再為廢止或延長，則應由承受其業務的機構或其上級機構代其為之。（《中央法規標準法》第25條）

註釋

[1]《中央法規標準法》第3條：「各機關發布之命令，得依其性質，稱規程、規則、細則、辦法、綱要、標準或準則。」

[2]《立法院議事規則》第10條：「經否決之議案，除復議外，不得再行提出。」

第六章　法律的效力

　　凡法律經法定程序[1]制定、修改或廢止後，其所規定之事項所發生的效果，稱為「法律效力」，並可分「一般效力」與「特別效力」兩種。「一般效力」係指一般的法律所共同具有的效力。例如具有中華民國國籍的人民，無論居住於領域內外，均受中華民國法律的拘束；不具中華民國國籍的人（包括外國人或無國籍的人）而居住於中華民國領域之內，除享有治外法權者外，皆適用中華民國之法律。「特別效力」係指特定的法律，就其所規定的事項所具有的效力。例如《民法》上婚姻的效力，是為《民法》婚姻的特別效力；《刑法》上對於重婚的處罰，是為《刑法》上婚姻的特別效力。以下茲就人、地、時的法律效力，說明如次。

第一節　人的效力

　　法律關於人的效力，係指法律對何種人發生效力之意。就此而論，有屬人主義、屬地主義與折衷主義三種說法，茲分述如次：

一、立法主義

（一）屬人主義（principle of nationalities）

　　主張法律的效力只適用於本國國民，至於本國國民是否在本國領域內外，則在所不問；反之，凡非本國國民，則即使僑居本國，亦不適用本國法律。

(二) 屬地主義 (territorial principle)

主張法律的效力只適用於本國領域之內，故凡所有居住於本國領域內的人，不問其國籍，均適用本國法律。

(三) 折衷主義

即兼採上述兩種主義，並以屬地主義爲原則，屬人主義爲輔助，此乃多數國家採行之方式。

二、中華民國法律所採行的主義

中華民國法律關於人的效力，係採折衷主義，以屬地主義爲原則，屬人主義爲輔助。即凡在中華民國領域內的人，不問其國籍，均適用中華民國法律；在中華民國領域外，凡具中華民國國籍，亦適用中華民國法律。茲就中華民國法律所適用的對象，說明如次：

(一) 具中華民國國籍之國民

1、原則

凡具中華民國國籍之國民，不論是否居住於中華民國領域內外，均適用中華民國法律。

2、例外

乃基於法律上之特定身分或特定原因，使某些居住於國內之本國人，因而排除本國法律的適用。

(1)國家元首

　　國家元首對外代表國家，對內代表人民，乃一國尊嚴的象徵，故各國憲法對國家元首多享有全部或部分之刑事豁免權，使其享有特殊的法律地位。對此，我國《憲法》第52條即規定：「總統除犯內亂或外患罪外，非經罷免或解職，不受刑事上之訴究。」以表崇敬國家元首之意。但分析該條條文可知，中華民國總統如犯內亂罪或外患罪，仍應追究。至於其他違法行為，待國家元首身分消滅（如任期屆滿卸職、因故自行卸職或遭彈劾、罷免卸職），自得依法論處。

(2)民意代表

　　通常民主國家對其民選產生之民意代表，均賦予「言論免責」[2]與「不受逮捕拘禁」[3]兩項法律特權[4]，俾使民意代表能在此特權保障下，有效代表人民監督政府（統治者），以防政府濫權。茲就中華民國民意代表的特權，說明如次：

1 中央民意代表：

①立法委員：

　　A.言論免責權：《憲法》第73條：「立法委員在『院內』[5]所為之言論及表決，對院外不負責任。」

　　B.不受逮捕拘禁權：《憲法》第74條：「立法委員，除現行犯外，非經立法院許可，不得逮捕或拘禁。」惟該條文已遭《第六次憲法增修條文》第4條第8項：「立法委員除現行犯外，在『會期中』[6]，非經立法院許可，不得逮捕或拘禁。憲法第七十四條之規定，停止適用」所凍結，兩者對於立法委員之不受逮捕拘禁權的影響在於，按《憲法》第74條對立

法委員不受逮捕拘禁權的保障時限，法條並未明確規定，故實務上認為立法委員在其任期內皆擁有此特權。再依《第六次憲法增修條文》第4條第8項對立法委員不受逮捕拘禁權的保障時限，則限於「會期中」，其差別分析如下：

(A)任期中：指在民意代表任期內，皆享有該特權，乃三者中最具保障者。

(B)會期中：指在民意代表在會期開會期間，才享有該特權，閉會期間，便無該特權，乃三者中次具保障者。

(C)會議中：指在民意代表在會議開會時，才享有該特權，非會議開會時，便無該特權，乃三者中最無保障者。

②國民大會代表：

A.言論免責權：《憲法》第32條：「國民大會代表在『會議時』[7]所為之言論及表決，對會外不負責任。」

B.不受逮捕拘禁權：《憲法》第33條：「國民大會代表除現行犯外，在『會期中』非經國民大會許可，不得逮捕或拘禁。」

2 地方民意代表：

①言論免責權：《地方制度法》第50條：「直轄市議會、縣（市）議會、鄉（鎮、市）民代表會『開會時』，直轄市議員、縣（市）議員、鄉（鎮、市）民代表對於有關會議事項所為之言論及表決，對外不負責任。但就無關會議事項所為顯然違法之言論，不在此限。」[8]

②不受逮捕拘禁權：《地方制度法》第51條：「直轄市議員、縣（市）議員、鄉（鎮、市）民代表除現行犯、通緝犯外，在『會期內』，非經直轄市議會、縣（市）議會、鄉（鎮、市）民代表會之同意，不得逮捕或拘禁。」

(3)無行為能力人或限制行為能力人

1 民法相關法條的規定：

①《民法》第13條第1項：「未滿七歲之未成年人，無行為能力。」

②《民法》第13條第2項：「滿七歲以上之未成年人，有限制行為能力。」

③《民法》第15條第1項：「禁治產人[9]，無行為能力。」

2 刑法相關法條的規定：

①《刑法》第18條第1項：「未滿十四歲人之行為，不罰。」

②《刑法》第18條第2項：「十四歲以上未滿十八歲人之行為，得減輕其刑。」

③《刑法》第18條第3項：「滿八十歲人之行為，得減輕其刑。」

④《刑法》第19條第1項：「心神喪失人之行為，不罰。」

⑤《刑法》第19條第2項：「精神耗弱人之行為，得減輕其刑。」

（二）不具中華民國國籍之人民

1、原則

　　凡居住於中華民國領域內之不具中華民國國籍的人民，均適用中華民國法律。故於中華民國領域內所從事之法律行為，不得以其具有外國國籍或無國籍的身分，而拒絕中華民國法律的適用。一般而言，凡居住於中華民國領域內之不具中華民國國籍的人民，在刑事案件上，適用中華民國刑法；在民事案件上，得視案件性質適用中華民國民法或該國法律。凡此種決定如何適用外國法的法律，稱為「國際私法」；對此，中華民國制定有《涉外民事法律適用法》以資因應。例如外國人與中華民國國民所發生之民事案件，凡關於該外國人身分、能力、親屬繼承等事項，均適用外國法，而不適用本國法（《涉外民事法律適用法》第1條、第11-24條）。

2、例外

　　乃基於國際法、國際慣例或國際條約等規定，使某些居留於中華民國領域內之外國人，因而排除中華民國法律的適用。

(1)外國元首

　　當任何國家的元首，無論是代表國家或以私人身分入境他國時，皆有權接受入境國的特別禮遇，此乃基於彼此平等的觀念而產生的國際慣例。通常，該國家元首有權要求入境國給以特權（privileges）與豁免（immunities），其要點為（杜蘅之，1983：392）：

　　1禮節上的榮典：如國際法或國際慣例向來對帝王，通稱

「陛下」（Your Majesty）；對於共和國的總統，通稱「閣下」（Your Excellency）。

2 **住處不受侵入**：一國元首在國外的住處不受侵犯，除非獲得這位元首的許可，否則不得進入。但若故意違反入境國的法律規範時，該國有權要求其離境。

3 **民事及刑事之管轄豁免**：一國元首在國外不受當地民事及刑事之管轄，且此種豁免及於其妻子和隨從。當然，該元首可放棄此種豁免。

(2)外交代表

1 學說：

①治外法權說：該說視外交人員為派遣國領土之延伸，故不受接受國管轄。

②國家代表說：該說視外交人員為派遣國的代表，並依國際法及派遣國的國內法而執行公務，自當不受接受國管轄。

③職務需要說：該說視外交人員基於保持兩國外交關係的需要，使雙方的外交人員能自由且不受妨礙地行使外交職務及維持外交人員及其代表國家的尊嚴，而必須享有的禮遇與豁免。該說為國際所認同，根據《維也納外交關係公約》序言，明白宣稱：「確認此等特權與豁免之目的不在於給與個人以利益，而在於確保代表國家之使館能有效執行職務。」（梁淑英，1994：277-8）

2 外交代表的特權與豁免：

①人身不可侵犯（《維也納外交關係公約》第29條[10]）：

　　A.消極方面：接受國應不得對外交代表實施搜查、逮
　　　捕或拘留，以示尊重，但這並不排斥接受國對外交
　　　代表挑釁或犯罪行為的制止。

　　B.積極方面：接受國應採取適當的保護措施，保障外
　　　交代表的安全，防止任何侵犯外交代表人身、自由
　　　和尊嚴的行為發生，並對侵犯外交代表人身自由和
　　　尊嚴的犯罪行為予以制裁。

②寓所、文書、信件及財產不可侵犯（《維也納外交關係
　公約》第30條）：

　　A.寓所：外交代表的私人寓所（包括臨時住所，如旅
　　　館的房間）享有不得侵犯及保護之特權。接受國的
　　　官員、司法人員未經外交代表的許可不得進入。接
　　　受國亦應採取適當措施保護外交代表的寓所安全，
　　　防止和制止對寓所的侵犯。

　　B.財產、文書和信件：接受國不得侵犯外交代表的文
　　　書、信件及財產。一般不得命令外交代表交出文書
　　　和信件，不得對外交代表的文書和信件採取開拆、
　　　扣留、檢查或查封等措施。對外交代表的財產，包
　　　括交通工具，不得實施搜查、查封、扣押、徵用或
　　　強制執行。但外交代表不得主張豁免的民事訴訟案
　　　件中，在不侵犯外交代表的人身和寓所的情況下，
　　　不排除執行處分（丘宏達主編，1978：504-8）。

③管轄豁免（《維也納外交關係公約》第31條）：

　　A.刑事管轄豁免：當外交代表違反接受國之刑法，接
　　　受國的司法機關不得對其進行審判和處罰。但接受
　　　國可根據具體情況採取必要措施，包括要求派遣國

放棄此等豁免，以便審判和處罰。另外，外交代表享有刑事管轄豁免權並不意味外交代表可以不尊重接受國的法津，可以犯罪而不承擔責任，只是接受國法院不得直接追究外交代表的刑事責任，而是透過外交途徑解決。

B.民事管轄豁免：指外交代表捲入民事糾紛，接受國的法院不得對其實行審判和處罰，也不得採取強制執行，只能透過外交途徑解決。

C.行政管轄豁免：行政管轄事項上，接受國之行政機關不得對外交代表實行管轄，如對其違警事件不得強制執行，除非派遣國明示放棄其外交代表的豁免。

④免稅（《維也納外交關係公約》第34條）：外交代表可免除接受國的稅捐（通常是個人所得稅和其他直接稅），但計入商品或勞務價格內的間接稅、在接受國境內私有不動產課徵的捐稅（除非是代表派遣國所擁有）等均不在免除之列。

⑤免驗（《維也納外交關係公約》第36條）：外交代表的私人行李免受出入境查驗，但接受國當局有重大理由推定其中有非免稅物品或有接受國法律禁止的進出口物品或檢疫條例加以管制的物品時，可在外交代表或其代理在場時查驗。

⑥其他豁免（《維也納外交關係公約》第33、35條）：外交代表就其對派遣國所為的服務而言，應免適用接受國施行的社會保險辦法，免除一切個人勞務和各種公共服務，如不服兵役、不擔任陪審員、不承擔個人

捐贈等法律義務。並免除關於徵用、軍事募捐及屯宿
等軍事義務。

(3)外國軍隊

通常是派遣國與接受國雙方合意之約定，而由派遣國派遣
軍隊進入接受國，通常用以維持接受國國內之和平所必需。爲
此，接受國同意派遣國對其所派遣軍隊的管轄指揮權，至於派
遣國派遣至接受國的軍隊，其在接受國享有何種特權，則視雙
方簽訂的條約而定。例如美國駐軍於日韓，聯合國駐軍於科威
特皆是。

(4)外國人民

當外國人民僑居本國而享有不受本國法律管轄之特權者，
常係基於條約的規定。若締約兩國國民在對方境內均享有不受
該國法律管轄之特權者，乃基平等互惠原則。若屬其中一國國
民片面於另一國享有不受該國法律管轄之特權者，通常爲不平
等條約簽訂的結果，是謂「領事裁判權」。即指本國人民在他國
境內犯罪，只受本國派駐於他國領事的管轄，而不受他國法院
的管轄。

(5)外國航行器

1 航海器：公有者如戰艦或其他公用船隻，在國際法上視
爲國家飄浮的領土，從而仍受船旗國所管轄。惟民用船
隻於駛入他國港口停泊後，原則仍屬船旗國管轄，但在
例外情形下，當地政府可行使管轄權：
①船上發生重大事故而影響到港口的安全或秩序者。
②該船舶主動要求當地政府行使管轄權者。

2 航空器：民用飛機須依國際公約的規定，方可行使「無

害航行權」通過他國領空。公用飛機（軍方、海關及警察所用者）則基於安全上理由，非經特許，不得飛越他國領空。當外國航空器的身分經認許後，其在外國停留期間，仍由其所屬國管轄，而不受當地政府的管轄。

第二節　地的效力

法律關於地之效力，係指法律在何種區域發生效力之意。就此而論，地之效力可及於本國領域與國外領域，茲分述如次：

一、本國領域內的效力

（一）領域的意義

1、領土

即國家主權所及之疆域的陸地部分，包括河川、湖泊、海港。一國領土之取得，其方式不外（丘宏達主編，1978：305-13）：

(1)先占（occupation）

■1意義：係主權國對於無主土地或被拋棄土地[111]，以實際行為在該土地上行使其權力，表示取得意思，如丹麥取得格陵蘭島。

■2條件：

①形式上的通知：一國必須在形式上將占有無主地或被
　拋棄地的意思，經由外交方式正式宣告，並通知相關
　國家。國際法上國家單方行爲的宣告可以發生法律效
　果而在國際法上已獲得確認者，如封鎖、宣戰等。通
　知的目的在於引發相關國家對於既定法律情勢的同
　意，並強化通知國所主張權利的名義。換言之，占領
　的通知可取得「原始的權利名義」，並可在一定期間內
　排除其他國家占領這塊土地。

②實質上的有效占領： 即占領國必須在無主土地上實際
　有效的行使管轄權。所謂「實際有效」乃指在占領範
　圍內設置必要的實力，以維護境內最低程度的法律秩
　序和排除第三國的任何干預。

(2)割讓（cession）

乃一國將其部分領土的主權移轉給他國的行爲，割讓方式
如下：

■1 買賣：西班牙於1819年將佛羅里達賣給美國，俄國於
　　1867年將阿拉斯加以720萬美元賣給美國。

■2 交換：俄羅斯於1878年以道布魯加交換羅馬尼亞的比薩
　　拉比亞。

■3 讓與：通常是戰爭失敗，經由締結和平條約的方式讓
　　與，如德國依《凡爾賽條約》的規定將阿爾薩斯和洛林
　　兩地割讓給法國。

(3)時效（prescription）

乃一國在屬於他國主權的領土上，有效地、公開地、繼續

地與和平地在該領土上行使管轄權，公信以其現況符合國際秩序，而取得該領土的主權名義。1897年英國與委內瑞拉條約規定，因時效占有達五十年者，可有效取得領土的名義。

(4)征服（conquest）

1 意義：係征服國以武力實際取得被征服國的全部領土，並使被征服國歸於消滅。此時，領土主權即由被征服國移轉至征服國，至於他國是否承認，在所不問。例如1910年日本併吞高麗、1940年蘇俄併吞波羅的海三小國。

2 條件：

①被征服國喪失戰爭行為：即征服國以武力戰勝被征服國，使被征服國無反抗能力；換言之，只要被征服國政府或人民仍繼續與征服國進行戰鬥時，征服國不得主張被征服國業已消滅，而將其併入版圖。

②必須具有消滅被征服國的意願：即征服國應取消被征服國的政府組織，而使被征服國歸於消滅。

3 征服的禁止：《聯合國憲章》第2條第4項規定：「各會員國在其國際關係上不得使用威脅或武力，或以與聯合國宗旨不符之任何其他方法，侵害任何會員國或國家之領土完整或政治獨立。」因此，凡是違反《聯合國憲章》規定所征服的領土將無法獲得其他國家的正式承認。

(5)添附

添附係一國領土因新生地的成長而擴張。添附有為自然成長，如海水沖積而成平原；有以人力與海爭地，如荷蘭填海築堤。

2、領海

(1)意義

領海的概念早在十七世紀初就被提出，並得到公認。但實際作出明確規範的國際文件則是1958年的《領海及鄰接區公約》（尹章華，1998：ch1）和1982年《聯合國海洋法公約》（傅崑成，1994：1-116）。《領海及鄰接區公約》第1條規定：「國家主權擴展於其陸地領土及其內水以及鄰接其海洋的一帶海域，稱為領海」；第2條規定：「沿海國主權擴展於領海以上的空間及其海床和底土」；《聯合國海洋法公約》第2條規定：「沿海國的主權及於其陸地領土及其內水外鄰接的一帶海域，在群島國的情形下則及於群島水域以外鄰接的廣帶海域，稱為領海。此項主權及於領海的上空及其海床和底土。」

(2)範圍

國際間最早對領海寬度的規定是以武器所及範圍作為主張，並確定領海寬度為三海浬，但此一規定並未獲得普遍接受。直至第三次海洋法會議，通過了《聯合國海洋法公約》，按該約第3條之規定，每個國家有權確定其領海寬度，但以不超過十二海浬為限。至於各國所設定之經濟海域，則普遍為二百海浬。1979年9月6日，中華民國行政院宣告將領海由三海浬擴大為十二海浬（現規定於1998年1月21日通過的《中華民國領海及鄰接區法》第3條），經濟海域為二百海浬（現規定於1998年1月21日通過的《中華民國專屬經濟海域及大陸礁層法》第2條）。

(3)領海的法律制度

　■ 沿海國在領海中的權利：

①資源開發和利用權：沿海國對其領海中的自然資源，包括對海水、海底及其底土的一切生物資源和非生物資源及其他經濟性的資源具有專屬的開發權和管理權，並有權將領海資源提供本國國民或根據協議允許外國人開發利用。在未經沿海國同意的情況下，任何外國人無權開發利用其領海資源。

②沿海航運權：沿海國對其海岸港口間的貿易運輸具有專屬權利，在無協議的情況下，外國船舶是不得進行此類航運貿易。

③領空權：沿海國的領海主權擴及其上空，所以沿海國對領海上空具有管轄權。外國航空器只有在經沿海國的同意或根據國際協約所規定的條件下，方可飛入或飛經其領海上空，並且要遵守沿海國相關法律的規定。

④立法和管轄權：沿海國爲維護其領海的經濟權益、和平安全與良好秩序，有權採取立法措施，制定有關領海資源開發、科學研究、利用養護、航行安全、海關、移民等法律，俾對違反規定之船舶和人員進行管轄和處分。

2 領海中的無害通過制度：領海中的無害通過制度是長期國際實踐所形成的習慣，並爲《領海及鄰接區公約》和《聯合國海洋法公約》確認。其內容如次：

①無害通過權：所有國家，不論其爲沿海國或內陸國，其所屬船舶均享有無害通過領海的權利。

②無害通過的意義：1958年《領海及鄰接區公約》第14條第4項規定：「通過如不妨害沿海國和平、善良秩序

或安全，即係無害通過。」所謂「通過」係指在領海中航行的繼續不停及迅速進行。但遇不可抗力、逃災避難或救災助難而有必要者，不在此限。此外，更列舉了十二項被認為違反無害通過的活動（幾乎完全被引用於《中華民國領海及鄰接區法》第8條），如次：

A.侵害沿海國領土完整、政治獨立的威脅或武力使用。

B.任何武器的使用。

C.搜集損及沿海國國防或安全的情報。

D.從事影響沿海國國防或安全的宣傳行為。

E.任何航空器的發射、降落或裝載。

F.任何軍事裝置的發射、降落或裝載。

G.從事裝卸違犯沿海國的海關、財政或衛生規章的貨物、錢幣或人員。

H.從事各類故意且嚴重的污染行為。

I.從事各類的捕魚活動。

J.進行各類研究或測量活動。

K.進行對沿海國通訊系統或任何其他設施的干擾。

L.從事其他與通過無直接關係的活動。

3 沿海國的司法管轄權：就領土主權原則而言，沿海國對其領海內的外國船舶及其人員具有管轄權，但就國際實務而言，除非在特定情形下，通常沿海國對外國船舶上的人員不行使其刑事和民事管轄權[112]。《聯合國海洋法公約》第27和第28條便規定，沿海國應按以下規則行使司法管轄權：

①刑事管轄權：根據1958年《領海及鄰接區公約》第19

條第1項之規定：「沿海國不得因外國船舶通過領海時，船上發生犯罪行為，而在通過領海的船舶上行使刑事管轄權、逮捕任何人或從事調查。」但有下列情形者，不在此限：

A.犯罪的後果及於沿海國者。

B.犯罪行為擾亂國家和平或領海的善良秩序者。

C.經船長或船旗國領事請求地方當局予以協助者。

D.為取締非法販運麻醉藥品所必要者。

但沿海國仍得依本國法律，對駛離本國水域而通過領海的外國船舶採取在船上實行逮捕或調查的權利（《領海及鄰接區公約》第19條第2項）；反之，倘外國船舶自外國海港啟航，通過領海進入內國水域時，沿海國不得因該船進入領海前所發生的犯罪行為，而在其通過領海時，對於該船進行逮捕人員或從事調查（《領海及鄰接區公約》第19條第5項）。

在各國實務上，外國船舶進入一國港口後，英美國家認為倘船上的犯罪行為擾亂了港口的安寧，港口國得行使刑事管轄權；歐陸國家則承認外國船舶上所發生任何事件均屬船旗國管轄。

②民事管轄權：沿海國不得因對外國船舶上的人行使民事管轄權而令船舶停駛或變更航向，不得因民事訴訟而對該船舶進行逮捕人員或從事調查。但涉及該船在通過沿海國水域的航行中或為該航行的目的而承擔的義務與責任，則不在此限。例如外國船舶有給付在領海內停泊的費用之義務。沿海國有按照其法律為民事訴訟的目的而對在其領海內停泊或駛離內水後通過領

海的外國船舶進行逮捕人員或從事調查的權力。

③關於軍艦和其他用於非商業目的的政府船舶的規則：
軍艦和其他用於非商業目的政府船舶按國家主權豁免
原則，在通過領海時享有管轄豁免權。如果軍艦違反
沿海國的法律規定時，沿海國可要求該軍艦離開其領
海。對於軍艦和用於非商業目的的政府船舶，因不遵
守法規而造成沿海國的損害，其船旗國應負國際責
任。

3、領空

(1)意義

領空即指國家領土及領海的上空。自人類進入航空時代以
來，有關航空法的主要學說為（趙維田，1991：29-32）：

1空域自由說（freedom of the air）：此說主張天空所有領
域不屬任何國家所有，故各國航空器得在空中自由飛
行，不受干擾。

2領空主權說（sovereignty over the air space）：此說依據
私法土地所有權的概念，主張一國主權應及其領域上
空。目前國際法的發展是趨向於領空主權的確立。

(2)領空主權的原則

若一個國家對其領域全享有完全的排他主權，則該國家領
土或領海的上空亦屬國家領域的一部分，而受國家主權的支配
和管轄，並表現於以下四個方面：

1國家有權規範外國航空器出入其領空的條件：當外國航
空器未經入境國許可而擅自闖入，即構成對入境國領空

主權的侵犯。此時，入境國有權對非法入境的外國航空器採取事前警告；事中攔劫、驅逐、迫降、甚至擊落（趙維田，1991：38-9）；事後抗議等措施。1983年9月1日，蘇聯擊落一架偏離航線而入境的南韓民航客機（趙維田，1991：39-44），爲此，1984年5月10日，國際民航組織會議通過一項《國際民用航空公約》修正案，規定「每個國家必須避免對飛行中的民用航空器使用武器，如攔截，必須不危及航空器內人員的生命和航空器的安全」；換言之，只要在不危及航空器內人員的生命和航空器安全的前提下，各國可採取任何適當的手段，來維護其領空主權。

2 各國有權制定有關外國航空器在其境內起降和穿越飛行的法令：各國可指定外國航空器的起降機場，或管制在其領空飛行的航空器內使用攝影器材，或遵守其他規定事項。

3 各國保留國內載運權：各國有權拒絕外國的航空器在本國境內進行國內的各種運輸業務。

4 各國有權設立空中禁區：國家可基於國防安全和軍事需要，設立空中禁區，以限制或禁止外國航空器在該區飛行。

(3)有關空域的法律規範

1 有關國際航空的國際公約：

①國際航空公約：1910年，歐洲十九國的代表在巴黎召開國際會議，討論空中航行問題，並起草了《國際航空法典》，但由於航空自由與領空主權的爭議，而未達

成協議。第一次世界大戰期間中，航空器開始大量用於軍事。隨後，國際航空之客貨運輸大增，爲了適應國際航空事業發展的需要，1919年10月13日，在法國巴黎簽訂《國際航空公約》（Convention on the Regulation of Aerial Navigation）。自此，領空主權的概念已成爲國際規範。其要點如次：

A.領空的無害通過權：承認締約國對其領土及領海上空享有完全及專屬主權，各國航空器只能在公海上空自由飛行。但領空主權並不妨礙其他締約國航空器的無害通過的自由。

B.領空的排他主權：軍用航空器非經特許不得飛越他國上空，並須遵守飛越國所指定的航線。

C.設立「國際航空委員會」：屬常設機構，俾提供各項諮詢和行政工作。

D.航空器的適航證及國籍：任何航空器應在其所有權人的本國註冊，並取得國籍，且不得在一個以上的國家註冊。

②國際民用航空公約：1944年，國際民用航空會議簽訂《國際民用航空公約》（Convention on International Civil Aviation）、《國際航空過境協定》（International Air Services Transit Agreement）和《國際航空運輸協定》（International Air Transport Agreement）。其要點如次（趙維田，1991：63-119）：

A.重申領空主權原則。

B.公約僅適用於民用航空器，不適於國有航空器（包括軍用航空器及非軍用的供海關或警察使用的航空

　　　　器）。

　　　C.經營定期航空業務須獲地面國的許可始具穿越和起
　　　　降權。

　　　D.航空器應標明註冊國的國籍，並攜帶各種必備的文
　　　　件。

2有關國際航空的民事規則：1928年《國際航空統一運輸
　規則》（簡稱《華沙公約》）締結，乃就國際航空運輸憑
　證和承運人的責任制度做統一規定。並就此基礎修訂了
　一系列的國際文件，如1955年的《海牙議定書》、1961
　年的《瓜達拉哈拉公約》、1966年的《蒙特利爾協議》和
　1971年的《瓜地馬拉議定書》，諸如此類的公約皆屬國際
　私法的範疇。

3有關國際航空的刑事規則：二十世紀中葉起，國際航空
　運輸事業的迅速發展，在飛航中的航空器上所犯罪行的
　管轄已成為航空法上的重要問題。尤其國際劫機事件日
　益增多，更引起各國政府普遍的關切。因此，懲治航空
　領域中的犯罪，以保障航空安全的航空刑法取得了重大
　突破和進展。

　①東京公約：又稱《航空器上所犯罪行及若干其他行為
　　公約》（Convention on Offences and Certain Other Acts
　　Committed on Board Aircraft），該約於1963年9月14日
　　在東京簽訂，主要確立了航空器登記國對航空器上犯
　　罪行為的管轄權（《東京公約》第3條）。其要點如次
　　（趙維田，1991：63-119）：

　　A.航空器的登記國：航空器的登記國是犯罪行為的直
　　　接受害者，其所受損失最大，應具有優先的管轄

　　權。

　　B.犯罪行為係實行於該締約國領域以內者。

　　C.犯罪行為係由於或對於該締約國國民或其永久居民
　　　所為者。

　　D.犯罪行為係危害該締約國的安全者。

　　E.犯罪行為係違反該締約國有關航空器飛航或操作的
　　　任何有效規章者。

　　F.係確保護締約國履行某項多邊國際協定的任何義務所
　　　必需者。

②海牙公約：又稱《關於制止非法劫持航空器的公約》
　（Convention for Suppression of Unlawful Seizure of
　Aircraft），該約於1970年12月16日在海牙簽訂，主要
　制定了制裁非法劫持航空器行為的法律規則。其要點
　如次（趙維田，1991：524-49）：

　A.規定締約國應使下列各項犯罪者的行為受嚴厲的懲
　　罰：

　　(A)藉武力、威脅或其他任何方式對航空器進行非法
　　　　劫持、控制或意圖行使此項行為者。

　　(B)為上述行為者的同謀者（《海牙公約》第1條）。

　B.下列情形，締約國應採取必要措施，對犯罪者之暴
　　行，建立其管轄權：

　　(A)犯罪在該國登記的航空器上發生。

　　(B)在該國領域內降落而該疑犯仍在航空器上。

　　(C)航空器承租人的主要營業地，或其永久居住所在
　　　　該國者。

　C.締約國對劫機行為者具強制普通管轄權：凡罪犯或

疑犯在締約國領域內出現時，如不將該嫌疑犯引
渡，則應將其監禁，且不論該項犯罪是否在其領域
內發生，均應予以起訴，使該犯人受到嚴厲的制裁
（《海牙公約》第4、6、7條）。

③蒙特利爾公約：又稱《制止危害民航安全之非法行爲
公約》（Convention for the Suppression of Unlawful Acts
Against the Safety of Civil Aviation），該約於1971年9
月23日在蒙特利爾簽訂，主要用以補充海牙公約規定
的不足，並適用於劫機以外的其他危害民航安全的罪
行，包括下列五種非法行爲（趙維田，1991：549-
68）：

A.在「飛行中」[13]的航空器上對任何人施暴，且該行爲
可能危及該航空器的安全者。

B.破壞或損害「使用中」[14]的航空器，致使該航空器不
能或可能危及其飛行中的安全者。

C.在使用中的航空器上放置任何器械或物質，使航空
器可能遭受損害者。

D.破壞或損害飛行設備，或干擾航空器的運作，且該
行爲可能危及飛行中航空器的安全者。

E.不實消息的傳達，藉以危及飛行中航空器的安全
者。

（二）效力及於本國全部領域

1、原則

中華民國法律關於地之效力，乃主張法律效力以適用全國

領土爲原則，故凡屬中華民國領域內之人、事、物，均適用本
國法律。

2、例外

民法原則上適用於我國領土的全部範圍，故對於在我國境
內之外國人亦同樣適用。惟根據《涉外民事法律適用法》第11
條第1項之規定：「婚姻成立之要件，依各該當事人之本國法，
但結婚之方式依當事人之一方之本國法，或依舉行地法者，亦
爲有效。」此即爲特別規定，自應優先適用；換言之，外國人
在中華民國境內結婚得不依我國《民法》關於婚姻之規定。

（三）效力及於本國特定領域

此種情形乃基於政治、經濟、社會或其他理由，法律明定
以某特定區域爲適用範圍者。我國《中央法規標準法》第15條
即規定：「法規定有施行區域或授權以命令規定施行區域者，
於該特定區域內發生效力」，就此分析，其情形可分兩種：

1、法律之效力於同一時間只適用於特定區域

即將全國領域劃分爲若干區域（如省、縣），並於特定區域
適用特定法律。例如《憲法》第120條所規定的「西藏自治制
度」，僅適用於西藏地區，不能適用於全國各地。

2、法律之效力於先後時間適用於不同之特定區域

即將全國領域劃分爲若干區域（如省、縣），並將某種法律
先行適用於特定區域，再端視成效之良窳，俾決定是否適用於
其他區域。

二、本國領域外的效力

通常我國法律關於地之效力，僅及於國內領域爲原則，但在例外情況下，本國法律亦適用於國外，茲分析如次：

（一）本國領域外之地的效力

1、中華民國軍隊占領地、託管地

根據《陸海空軍刑法》第4條：「陸海空軍軍人，在中華民國軍隊占領地域內，犯刑法或其他法令之罪者，以在中華民國內犯罪論。其在中華民國軍隊占領地域內之本國人民，與從軍之外國人及俘虜犯罪者，亦同」。因此，我國軍隊所占領之地區，亦爲我國法律效力所及。

2、無主地

不屬於任何國家領域內之土地，任何國家對其均得適用其本國之法律。因此，此類地區，我國法律亦可適用。

3、登記為中華民國國籍的航行器

(1)公有航行器

依國際法規定，凡屬國家之公有航行器皆享有治外法權，不問其是否在該國領域內外，均適用該國法律。

(2)私有航行器

私有航行器，除在公海或公空或合於《中華民國刑法》第5條、第8條之情況外，應適用中華民國法律。

4、中華民國駐外使館

依國際公約之規定，當視為派遣國基於職務需要而派駐於接受國的領土，故駐外使館適用派遣國法律殆無疑義。

（二）本國領域外之人的效力

本國法律原則上僅適用於本國領域內，但基於國家政策的考量，可使本國法律適用於本國領域外之本國人與外國人，分述如次：

1、本國人

(1)僑居國外之本國人

1 公法的域外效力：

①憲法的域外效力：憲法上所賦予的權利義務，如華僑參政權之保障、納稅、服兵役的義務，並不因其居留於外國而失效。

②刑法的域外效力：以下各罪在域外發生，仍適用《中華民國刑法》，即在國內法院審判時，不因其行為地在國外而不適用我國法律：

A.《中華民國刑法》第3條：在中華民國領域外之中華民國船艦或航空機內犯罪者，以在中華民國領域內犯罪論。

B.《中華民國刑法》第5條：凡在中華民國領域外犯下列各罪者，適用中華民國法律：

(A)內亂罪。

(B)外患罪。

    (C)僞造貨幣罪。

    (D)《刑法》第201條及第202條之僞造有價證券
     罪。

    (E)《刑法》第211條、第214條、第216條及第218
     條之僞造文書印文罪。

    (F)鴉片罪。

    (G)《刑法》第296條之妨害自由罪。

    (H)《刑法》第333條及第334條之海盜罪。

   C.《中華民國刑法》第7條：中華民國人民在中華民國
    領域外犯《中華民國刑法》第5條以外之罪，而其最
    輕本刑爲三年以上有期徒刑者，適用之。但依犯罪
    地之法律不罰者，不在此限。

2 民法的域外效力：原則上，凡具有中華民國國籍的人，
 依《中華民國民法》在中華民國領域外所爲之法律行
 爲，有民法上效力，例如：

①公證遺囑：海外僑民得在中華民國領事駐在地爲遺
 囑，由領事公證，而具有民法上效力（《民法》第1191
 條第2項）。再如密封遺囑的遺囑人所在地無公證人
 者，應類推適用前述條文。

②適用本國法：依僑居地法律的規定，中華民國僑民的
 民事法律行爲，如關於身分、能力、婚姻、親屬繼承
 等成立要件事項，得適用《中華民國民法》之規定
 時，《中華民國民法》便具有域外效力，此乃國際私
 法適用準據法的當然結果。

(2)在國外犯罪之本國公務員

《中華民國刑法》第6條：中華民國公務員在中華民國領域外犯下列各罪者，適用中華民國法律：

1 《刑法》第121條至第123條、第125條、第126條、第129條、第131條、第132條及第134條之瀆職罪。

2 《刑法》第162條之脫逃罪。

3 《刑法》第213條之偽造文書罪。

4 《刑法》第336條第1項之侵占罪。

2、外國人

外國人在中華民國領域外犯特定罪而適用中華民國法律之管轄，其情形如次：

(1) 《刑法》第5條

本法於凡在中華民國領域外犯下列各罪者，適用中華民國法律：

1 內亂罪。

2 外患罪。

3 偽造貨幣罪。

4 《刑法》第201條及第202條之偽造有價證券罪。

5 《刑法》第211條、第214條、第216條及第218條之偽造文書印文罪。

6 鴉片罪。

7 《刑法》第296條之妨害自由罪。

8 《刑法》第333條及第334條之海盜罪。

(2)《刑法》第8條

　　外國人於中華民國領域外對中華民國國民犯第6條所列舉之
瀆職、脫逃、偽造文書、侵占等以外之罪，而其最輕本刑為三
年以上有期徒刑，且依該國法律亦認為其行為係犯罪者，適用
中華民國法律之管轄。

第三節　時的效力

一、法律效力的發生、暫停與喪失

　　法律因公布施行而發生效力，因暫停適用而中止其效力，
因廢止而失去其效力，茲分述如次：

（一）法律因公布施行而發生效力

　　依我國《中央法規標準法》的規定，法律施行日期有兩
種：

1 同時施行主義（《中央法規標準法》第13條）：法規明
　定自公布或發布日施行者，自公布或發布之日起算至第
　三日起發生效力[15]。

2 異時施行主義（《中央法規標準法》第14條）：法規特
　定有施行日期，或以命令特定施行日期者，自該特定日
　起發生效力[16]。

（二）法律因暫停適用而中止其效力

　　法律經公布施行後而發生效力，惟因國家遭遇非常事故，一時不能適用該法規者，得暫停適用該法規之一部或全部（《中央法規標準法》第19條第1項）。及至停止適用之日期屆滿或情勢發生變遷，而可恢復適用時，自當依法定程序恢復適用。例如《中華民國憲法》即因國家遭遇非常事故（國共內戰），而採《動員戡亂時期臨時條款》以暫停適用憲法之一部（謝政道，2001：35-45）。此外，憲法中的戒嚴權與憲法增修條文中的緊急命令權，皆有暫停法律適用的效力。

（三）法律因廢止而失效力

　　法律廢止的失效日期有兩種：

1 因規定日期而失效（《中央法規標準法》第23條）：法規定有施行期限者，期滿當然廢止，不適用前條之規定。但應由主管機關公告之[17]。

2 因廢止的原因發生而失效（《中央法規標準法》第21條）：

①機關裁併，有關法規無保留之必要者。

②法規規定之事項已執行完畢，或因情勢變遷，無繼續施行之必要者。

③法規因有關法規之廢止或修正致失其依據，而無單獨施行之必要者。

④同一事項已定有新法規，並公布或發布施行者。

二、基本法則

（一）法律不溯及既往原則

1、意義

　　法律的效力只能適用於公布施行後所發生之事項，但施行前已發生的法律關係，其效力不受新法規定的影響。此一原則就法律之適用而言，並無例外，但若立法機關基於立法政策之考量而認定有溯及之必要者，得明文將該事項規定之，使其產生溯及既往之效力。

2、理由

　　乃基於「既得權不可侵犯原則」而來。所謂「既得權」，即依舊法的法律關係所取得的權利，不因新法的公布施行而變更或消滅。此乃因當事人所知法律行為的效果，限於法律行為當時的法律規定，而無法預測將來的變化，若將來的法律可變更既已發生的法律關係，則可能導致原本的合法行為變成違法行為，屆時人民便無所適從，勢必引發社會不安。

3、現行法規對法律不溯及既往原則的規定

(1)刑法

　　《刑法》第1條（罪刑法定主義）：行為之處罰，以行為時之法律有明文規定者為限。

(2)民法

　　1《民法》總則施行法第1條：民事在民法總則施行前發生

者，除本施行法有特別規定外，不適用民法總則之規
定；其在修正前發生者，除本施行法有特別規定外，亦
不適用修正後之規定。

2 《民法》債編施行法第1條：民法債編施行前發行之債，
除本施行法有特別規定外，不適用民法債編之規定。

3 《民法》物權編施行法第1條：民法物權編施行前發生之
物權，除本施行法有特別規定外，不適用民法物權編之
規定。

4 《民法》親屬編施行法第1條：關於親屬之事件，在民法
親屬編施行前發生者，除本施行法有特別規定外，不適
用民法親屬編之規定；其在修正前而發生者，除本施行
法有特別規定外，亦不適用修正後之規定。

5 《民法》繼承編施行法第1條：繼承在民法繼承編施行前
開始者，除本施行法有特別規定外，不適用民法繼承編
之規定；其在修正前開始者，除本施行法有特別規定
外，亦不適用修正後之規定。

4、法律不溯及既往原則的例外

法律不溯及既往原則只是法律適用上的原則，並非立法上
的原則。換言之，司法機關雖不能使法律溯及既往，但立法機
關可基於推行社會政策的必要或因法律的特別規定，得就某些
事項，在法律中明定溯及既往以資適用。此種變更，茲說明如
下：

(1)推行社會政策

通常立法機關推動社會政策之立法，在於改變舊法時代的
不合理現象，故於制定法律時，將新法律溯及既往。例如《民

法》第1141條，讓兒子與女兒皆享有平等繼承權（中國傳統以來女兒無平等繼承權），此乃當時社會趨勢，故為溯及既往之規定。又如《團體協約法》第30條規定：「團體協約於本法施行前訂立者，自本法施行之日起，適用本法」，故團體協約縱於該法施行前已制定完成者，仍可溯及既往。

(2)法律的特別規定

1 非婚生子女的認領：根據《民法》第1069條前段的規定：「非婚生子女認領之效力，溯及於出生時。」換言之，非婚生子女一經認領，便溯及於出生時，俾彌補非婚生子女出生後認領前的非婚生地位，以維護非婚生子女的利益。如不溯及既往，則在該段時期內始終為非婚生子女（俗稱的私生子）。

2 遺贈的拋棄：根據《民法》第1206條第2項的規定：「遺贈之拋棄，溯及遺囑人死亡時發生效力。」以防受遺贈人在拋棄遺贈前與遺囑人死亡後的這段期間，可能產生的權利義務問題。

5、現行法規對法律不溯及既往原則的例外規定

(1)刑法

1 《刑法》第2條第1項：行為後法律有變更者，適用裁判時之法律。但裁判前之法律有利於行為人者，適用最有利於行為人之法律。

2 《刑法》第2條第2項：保安處分，適用裁判時之法律。

3 《刑法》第2條第3項：處罰之裁判確定後，未執行或執行未完畢，而法律有變更，不處罰其行為者，免其刑之

執行。

(2)民法

　■ 《民法》總則施行法第 3 條第 1 項：民法總則第 8 條、第 9 條及第 11 條之規定，於民法總則施行前失蹤者，亦適用之。

　■ 《民法》債編施行法第 9 條：修正之民法第 195 條之規定，於民法債編修正施行前，不法侵害他人信用、隱私、貞操，或不法侵害其他人格法益或基於父、母、子、女、配偶關係之身分法益而情節重大者，亦適用之。

　■ 《民法》親屬編施行法第 4 條第 1 項：民法親屬編關於婚約之規定，除第 973 條外，於民法親屬編施行前所訂之婚約亦適用之。

6、新舊兩法對於同一事項有不同規定時，法律不溯及既往原則之適用方式

　■ 事實發生於新法施行前，適用舊法。

　■ 事實發生於新法施行後，適用新法。

　■ 舊法時期發生之事件，其效力有繼續性者，自新法施行之日起，適用新法關於該事項之規定。

（二）後法優於前法原則

1、定義

　又稱「新法優於舊法原則」，乃針對同一事項，如同時有兩種以上相同位階的法律對同一法律事實做不同規定時，應適用

最新制定的法規。此乃後出的法律為國家新的意思，並用以更改以前之意思，自較前法切合現狀，故選擇適用公布施行時間在後之法律。

2、解釋

後法優於前法原則的意思可區分成兩種：

(1)「後法」與「前法」之名稱相同

此時並不存在前法與後法兩法並存的問題，而是後法乃前法的修正。一旦後法經公布施行，前法便告廢止而失效，而無適用的餘地。

(2)「後法」與「前法」之名稱不同

■ 「後法」與「前法」位階相同：當同一事項若有兩種位階相同（同為普通法或同為特別法），而規定不同的法律存在時，則妨礙國家意思的統一；因此，兩種法律同時適用時，應適用後法優於前法原則。

■ 「後法」與「前法」位階不同：二者必屬普通法與特別法的關係，此時適用特別法優於普通法原則。

①舊特別法優於新普通法。

②新特別法優於舊普通法。

3、例外

後法優於前法原則並非絕無例外，當發生「從輕從優原則」與「舊特別法優於新普通法」時，後法的效力就無法優於前法，茲分述如次：

(1)從輕從優原則

■依《中央法規標準法》第18條之但書規定：「各機關受

理人民聲請許可案件適用法規時，除依其性質應適用行
為時之法規外，如在處理程序[18]結束前，據以准許之法
規有變更者，適用新法規。但舊法規有利於當事人而新
法規未廢除或禁止所聲請之事項者，適用舊法規。」

①係以人民聲請許可案件及聲請後處理程序終結前法規
　有所變更為前提。

②當事人有權選擇適用最有利於行為人的法律。

2 依《刑法》第2條第1項之但書規定：「行為後法律有變
更者，適用裁判時之法律。但裁判前之法律有利於行為
人者，適用最有利於行為人之法律。」

①係以行為後法律有變更，但司法機構尚未進行裁判前
　為前提。

②當事人有權選擇適用最有利於行為人的法律。

(2)舊特別法優於新普通法

　　在有特別法的情形，舊特別法仍優先新普通法的規定。
《中央法規標準法》第16條規定「法規對其他法規所規定之同一
事項而為特別之規定者，應優先適用之。其他法規修正後，仍
應優先適用。」例如1970年5月修正施行的《動產擔保交易
法》，在時間上與《民法》相較為後法，在性質上相較為特別
法。我國《民法》僅規定不動產得為抵押權的標的（《民法》第
860條），而本法則規定得以動產設定抵押，故依後法優於前
法，特別法優於普通法的原則，就與動產抵押有關事項，自應
適用本法。

　　1 新普通法不得變更舊特別法：當新法為普通法，舊法為
特別法時，如新普通法並未明文規定廢止舊特別法，則

不適用新法優於舊法原則，而適用特別法優於普通法原則。

2　**前特別法優於後普通法**：原則上，後法比前法較具優先適用之效力，但若後法為普通法，前法為特別法，且後普通法中並無排除或廢止前特別法的明文規定時，產生所謂「後普通法不得變更前特別法」的情況。

註釋

[1]中華民國法律生效要件的法定程序有二：立法院通過、總統公布。《憲法》第170條）

[2]言論免責權：乃指民意代表於議會所為之言論與表決，於會外不負責任。

[3]不受逮捕拘禁權：乃指民意代表在會期中或任期中，除為現行犯外，司法機關非經議會許可，不得逕行逮捕拘禁民意代表。

[4]《比利時王國憲法》第58、59條；《丹麥王國憲法》第57條；《法蘭西共和國憲法》第26條；《德意志聯邦共和國憲法》第46條，此皆各國對其民意代表之憲法保障條款。

[5]即立法委員只要在其任期內於立法院院內所為之言論與表決，皆擁有言論免責權。

[6]《中華民國憲法》第68條：「立法院會期，每年兩次，自行集會，第一次自二月至五月底，第二次自九月至十二月底，必要時得延長之。」

[7]即國民大會代表所擁有之言論免責權僅限於會議時，而非會議時便不受保障。

[8]司法院大法官會議曾於1980年9月12日作成《第165號解釋》謂：

「在會議時就有關會議事項所爲的言論，應受保障，對外不負責任。但
就無關會議事項所爲顯然違法的言論，仍難免責。」例如與會議事項
無關，而爲妨害他人名譽的言論，即爲濫用言論免責權。將來適用
時，與「會議事項」是否相關，即爲免責與否的根據，應依個案事實
認定。

[9]《民法》第14條：對於心神喪失或精神耗弱致不能處理自己事務者，
法院得因本人、配偶、最近親屬二人或檢察官之聲請，宣告禁治產。
禁治產之原因消滅時，應撤銷其宣告。

[10]《維也納外交關係公約》第29條規定：「外交代表的人身不得侵犯。
外交代表不受任何方式的逮捕或拘禁。接受國對外交代表應特示尊
重，並應採取一切適當步驟以防止其人身、自由或尊嚴受到任何侵
犯。」

[11]「被拋棄土地」：乃指一國長期間不行使管轄權而喪失主權的土地。
例如西班牙於1606年占有帕爾瑪斯島後，在1666年拋棄該島，荷蘭
乃於1795年取得該島的領土主權。

[12]我國對此，乃規範於《中華民國領海及鄰接區法》第10條至第17
條。詳尹章華編著（1998），《領海及鄰接區法逐條釋義》，台北市：
文笙，第2章，頁14-25。

[13]「飛行中」（in flight）：係指航空器自搭載後關閉其所有外門之時刻
起至爲卸載而開啓任何上述之門止。

[14]「使用中」（in service）：係指自地面工作人員或飛行員爲特定飛行的
飛行前準備起至該航空器降落後二十四小時止。

[15]《大法官會議釋字第161號解釋》：「應將法規公布或發布之當日算
入。」

[16]日出條款：乃指法律所規定之事項，在某種情事發生或若干日期到
來，即予發生其效力而言，但此爲一般觀念的俗稱，而非法定名稱。

[17]落日條款：乃指法律所規定之事項，在某種情事發生或若干日期到來，即予廢止或喪失其效力而言，但此爲一般觀念的俗稱，而非法定名稱。

[18]上述所稱「處理程序」，實務上認爲係指主管機關處理事件之程序而言，並不包括行政救濟程序在內。故主管機關受理人民許可案件，其處理程序終結後，在行政救濟程序中法規有變更者，仍應適用舊法（《62判507判例》），亦即應適用實體從舊程序從新之原則處理（《72判1651判例》）。

第七章　法律的適用

第一節　意義

一、適用

　　所謂「適用」，即指對於某種特定的法律事實，能夠直接援用專為該種法律事實所設計之法律條文的規定加以解決者。蓋人類創造法律的目的，在於透過法律來解決人類團體生活中的一切問題。但法律制定完成之後，不過白紙黑字，並不會自動發揮其效用（徒法不能自行），而是經由人的適用，才能讓靜態的法律起實質的作用，進而達到立法所預期的目的。復以，法律乃為普遍抽象，但卻固定有限的規範，事實乃為個別具體，但卻變動無限的現象，當法律與事實結合，便發生法律關係。此種將普遍抽象的規範對應到個別具體的現象的過程，即屬法律的適用，法律適用之後便會對該個別具體的現象發生法律效力。通常，法律與事實所呈現出來的關係有四種型態：

（一）適法行為

　　即法律主體之行為所表現出的事實（依法行使權利，履行義務），符合法律的規範。例如，成年人依法投票（行使參政權），有納稅義務人依法納稅（履行義務）。

（二）放任行為

　　即法律主體之行為所表現出的事實，雖與法律的規範有

關，惟法律認爲以不予干涉爲宜。

例如，未過當的緊急避難行爲，不負損害賠償責任。（《民法》第149條、第150條）

（三）違法行爲

即法律主體之行爲所表現出的事實，違反法律的規範；此時，便發生法律上的制裁效力。例如，強制性交，處五年以上有期徒刑。（《刑法》第221條）

（四）脫法行爲

即法律主體以迂迴方式，以避免違反法律的強制規定，而達到其不法目的的行爲。（王澤鑑，1995：262-6）例如，法律禁止「高利貸行爲」[1]，故以折扣（例如實際只借十萬元，卻簽下借五十萬元的借據，屆時依五十萬元的利率償還本金與利息）或其他方法，巧取利益。（《民法》第206條）

二、準用

我國《民法》條文中常有「準用」字樣，並常與「適用」混淆，實二者分屬不同概念。蓋「適用」係指法律明文規定，關於某種事項的規定，直接引用於某一事項。例如，《民法》第529條規定：「關於勞務給付之契約，不屬於法律所定其他契約之種類者，『適用』關於委任之規定。」所謂「委任」，即《民法》第528條所稱：「稱委任者，謂當事人約定，一方委託他方處理事務，他方允爲處理之契約。」換言之，關於勞務給付之契約，不屬於法律所定其他契約之種類者，適用《民法》

第528條之規定。而「準用」並不完全適用所引用的條文，仍須依據事項的性質而為變通的適用。故「準用」係指對於某種特定的法律事實，民法雖未直接加以規定，但已以明文指示應適用原本係為其他極類似法律事實所設計的條文來解決者。此乃立法者為立法方便，避免法律條文重複規定，而將某種事項作明文規定，準用其類似事項已有之規定。例如，《民法》第41條規定：「清算之程序，除本通則有規定外，『準用』股份有限公司清算之規定。」而股份有限公司之清算，則規定於《公司法》第5章「股份有限公司」第12節「清算」第322條至第356條。因此，《民法》上法人的清算，應適用《公司法》第322條至第356條的規定。準用又可區分為：

(一) 法律原因之準用

凡法律條文用語多冠以「準用」、「依……之規定」等字樣者屬之。

1 《刑法》第8條：「前條之規定，於在中華民國領域外對於中華民國人民犯罪之外國人，『準用之』。」

2 《刑法》第48條：「裁判確定後，發覺為累犯者，『依』前條『之規定』更定其刑。但刑之執行完畢或赦免後發覺者，不在此限。」

(二) 法律效力之準用

凡法律條文用語多冠以「準用」、「比照」、「……亦同」、「有同一之效力」等字樣者屬之。

1 《刑法》第73條：「酌量減輕其刑者，『準用』減輕其

刑之規定。」

2《刑法》第192條第2項：「暴露有傳染病菌之屍體，或以他法散布病菌致生公共危險者，『亦同』。」

3《刑法》第51條第1項第6款：「宣告多數拘役者，『比照』前款定其刑期。但不得逾四個月。」

4《刑法》第297條第2項：「受讓人將讓與人所立之讓與字據提示於債務人者，與通知有『同一之效力』。」

另「法律的適用」與「法律的執行」不同，二者關係在於「法律的適用」概念內含「法律的執行」概念。蓋統治者（國家）為法律的適用時，可稱為法律的執行；惟被統治者（人民）為法律的適用時，不可稱為法律的執行，此乃「法律的執行」含有統治者（國家）對被對統治者（人民）的強制作用，故國家適用法律，有強制執行的權力。人民適用法律，未必具有強制執行的權力。例如，人民得適用憲法（公法）中關於選舉的規定，俾行使其參政權；又如人民得適用民法（私法）中關於繼承的規定，俾行使其繼承權。

第二節　步驟

法律的適用既為對於某種具體事實，引用某種法律條文，以便發生所規定之法律效力的過程，則此過程必有其既定的原則，茲就法律適用的原則分析如次：

一、事實的認定

　　法律的適用必以事實的認定做爲前提，而事實的認定必以證據[12]做爲基礎。但就舉證責任而言，我國民事與刑事的規定不同。就我國《民事訴訟法》第277條的規定：「當事人主張有利於己之事實者，就其事實有舉證之責任。」故原告與被告皆得提出有利於自己的證據。另就我國《刑事訴訟法》第161條的規定：「檢察官就被告犯罪事實，應負舉證責任，並指出證明之方法。」第154條復規定：「犯罪事實應依證據認定之，無證據不得推定其犯罪事實。」所以關於刑事案件，要由檢方負起完全的舉證責任，以證明被告違法犯罪。至於證據力則由法院自爲判斷，並根據證據來推論被告的動機是「善意」或「惡意」。所謂「善意」，即指對於某特定之法律事實並不知情的一種心理狀態。例如民法第85條第1項規定：「限制行爲能力人，就其營業有不勝任之情形時，法定代理人得將其允許撤銷或限制之。但不得對抗『善意』第三人。」條文所稱之「善意」，即指第三人對於「法定代理人已將對限制行爲能力人從事營業之允許加以限制或撤銷」這樣的法律事實並不知情的心理狀態。所謂「惡意」，即指對於某特定之法律事實知情的一種心理狀態。例如民法第956條規定：「『惡意』占有人，或無所有意思之占有人，因可歸責於自己之事由，致占有物滅失或毀損者，對於回復請求人，負損害賠償之責。」條文所稱之「惡意」，即指對於「自己之占有並不具備法律上正當之權利」之事實知情的心理狀態。惟無證據能力，未經合法調查，顯與事理有違，或與認定事實不符之證據，法院不得作爲判斷之依據（《刑事訴訟法》

第155條）。

　　總而言之，法律的適用離不開對事實的認定，而事實的認定又離不開證據的取得。但現實生活中，事實的真相往往隱而難現，證據的效力常常真偽難辨；對此，不但影響事實的認定，也連帶影響法律的適用。可是，法律既做為解決人類社會生活問題的手段，為避免當事人舉證困難與維護公益的需要，原則上除以當事人所舉出的證據作為事實的認定外，法律自身還創設「推定」與「擬制」（視為）兩種方式，俾有助於在適用法律時對於事實的認定，但由於會影響法律效力，故以法律有明文規定者為限。茲分述如次：

（一）推定（presumption）

　　乃法院對於某種事實之法律關係的存在或不存在，缺乏明顯證據時，得依已明瞭之事實，判斷應證事實之真偽，以作為適用法律的基礎（《民事訴訟法》第282條）。但若有相反事實的證據出現時，即得推翻原先推定的法律效力。例如《民法》第1062條規定：「從子女出生日回溯第一百八十一日起至第三百零二日止，為受胎期間。能證明受胎回溯在前項第三百零二日以前者，以其期間為受胎期間。」第1063條第1項復規定：「妻之受胎，係在婚姻關係存續中者，『推定』其所生子女為婚生子女[1]。」前述推定，係根據母親與其夫的婚姻關係及母子關係等已確定的事實，而推定妻在婚姻關係存續中所生的子女為婚生子女；但若有足夠的反證存在，便可以推翻此一推定的法律效力。例如丈夫經由DNA[1]鑑定，得知其妻所生之小孩，非從其所出，則可據以否認其與小孩的父子關係，惟應注意時效問題。蓋《民法》第1063條第2項規定：「前項『推定』，如夫

妻之一方能證明妻非自夫受胎者，得提起否認之訴；但應於知悉子女出生之日起，一年內為之。」（管歐，1997：242）

（二）擬制（fiction）

乃法律基於公共利益的需要，對於某種事實的存在或不存在，所為之具有法律效力的擬定；將來即便出現反證，亦不得推翻該擬定的法律效力。凡法律條文中具有「視為」字樣之規定者，即為「擬制」。例如，《民法》第7條規定：「胎兒以將來非死產者為限，關於其個人利益之保護，『視為』既已出生。」換言之，母體自受孕起，該受孕而未出生（仍在母體內）之胎兒，法律「視為」既已出生（與母體分離），並享有權利能力。萬一該名胎兒出生前，父親過世（俗稱遺腹子），亦享有法律上的權利。（管歐，1997：242）

二、找出對應的法津規範

當事實一經認定，並與法律發生關係，便須找出應適用於該事實的法規。通常，進行該步驟所最可能面臨的問題在於：

（一）適用於該事實的法律規範不只一個，且互相牴觸

通常，適用於該事實的法律規範只要未有互相牴觸，或重複處罰（一罪不二罰）的情形發生，是允許兩個或兩個以上的法律規範適用於該事實。例如，《憲法》第24條規定：「凡公務員違法侵害人民之自由或權利者，除依法律受懲戒外，應負刑事及民事責任。被害人民就其所受損害，並得依法律向國家請求賠償。」換言之，公務員違法時，可能同時適用民法、刑

法及公務員懲戒法相關法條的規範。

　　至於發生適用於該事實的法律規範，有互相牴觸，或重複處罰的情形時，則如何選擇最妥當的法律規範予以適用，乃成為最重要的課題。例如甲為負責調查逃漏稅的公務員，因收取廠商金錢，而對該廠商的逃漏稅行為視而不見，經檢舉並確證事實後，即構成公務員貪污之違法行為；此時，執法者應遍查法規，俾找出關於公務員貪污的法律規範。經查如次：

1《刑法》第122條第1項：「公務員」或仲裁人對於「違背職務之行為」，要求期約或收受賄賂，或其他不正利益者，處「三年以上十年以下有期徒刑」，得併科「七千元以下」罰金。

2《貪污治罪條例》第2條、第4條：「依據法令從事公務之人員」，對於「違背職務之行為」，要求、期約或收受賄賂或其他不正利益者，處「無期徒刑或十年以上有期徒刑」，得併科「新臺幣一億元以下」罰金。

　　分析以上兩項關於公務員貪污的法規可知，兩者對公務員貪污的規定，有互相牴觸與重複處罰的情形，且差別極大；此時，應如何選擇妥當的法律規範，俾適用於該貪污的公務員，除靠執法者的自由裁量外，可依循以下原則：

1特別法優於普通法原則（詳前文）。

2後法優於前法原則（詳前文）。

3法規管轄原則：部分法規訂有其特定的管轄範圍，凡屬該法所規定的範圍以外，即不適用該法規。例如，《少年事件處理法》第2條便規定：「本法稱少年者，謂十二

歲以上十八歲未滿之人。」換言之，十二歲以下或十八歲以上之人，便不適用《少年事件處理法》。

最後，當適用於該事實的法律規範選定後，仍須就條文不清楚的部分，加以解釋；就條文不確定的部分，使其具體；就條文有疏漏的部分，給予補充。

（二）欠缺可直接適用於該事實的法律規範

就我國《民法》規定，可採「類推適用」方式因應。所謂「類推適用」，乃針對某種具體事實，因現行法律並未設有任何規定可供直接採用；因此，採比附援引與其性質相類似的法律規範，以作為法律漏洞之補充。例如，1945 年 2 月 23 日司法院作成《院字第 2823 號解釋》：「夫妻之一方叛國附敵，在未反正以前，他方因此所受精神上之痛苦，實較受不堪同居之虐待為尤甚，依民法第一千零五十二條第三款之『類推解釋』，他方自得請求離婚。」（http://wjirs.judicial.gov.tw/jirs/judge.asp）

就我國《刑法》規定，因採罪刑法定主義原則，故禁止類推適用之比附援引，以防止公權力恣意類推適用法條，入罪於人，俾保障人民權益。

三、使事實與其對應的法律規範發生法律效力

即事實經認定，並與法律發生關係，且完成法律相關規範的適用後，便可由公權力依法律所規範的效力，對當事人發生效果，即所謂法律的制裁。例如甲因向其父索取金錢花用不成，憤而殺死其父，由於此種殺人行為屬違法行為，故甲之殺

人行爲與法律發生關係；此時，檢察官得因告訴、告發、自首或其他情事，而得知此事，應立即展開偵查（《刑事訴訟法》第228條）。經查證顯示甲之殺害其父爲事實時，檢察官便代表國家依法定程序對甲之殺人行爲提起公訴，並經該管法院受理此案。承審法官再綜合各種證據的研判之後，認定甲之殺人行爲不但屬實，且爲故意，並因甲所殺害之人爲其父親，於是承審法官根據《刑法》第272條「殺直系血親尊親屬者，處死刑或無期徒刑」之規定，判決甲應處死刑；此時，甲殺害其父的事實，對應於《刑法》第272條的規範，並發生剝奪甲之生命的法律效力。於是，公權力便依法定程序，對甲執行死刑的處罰。（表7-1）

第三節　原則

一、一般原則

法律適用的一般原則，係指各機關在適用法律時，不問其

表7-1　法律規範的結構表

說明　　法例	構成要件部分	法律效力部分
	規定具體生活事實被抽象化以後的內容，並成爲法律效力部分的前提。	規定構成要件部分成立而產生的抽象結果。
《刑法》第272條	殺直系血親尊親屬者，	處死刑或無期徒刑。
《民法》第184條	因故意或過失，不法侵害他人權利者，	負損害賠償責任。

職權爲何，均應共同遵守的原則。茲分述如次：

（一）特別法優於普通法原則（《中央法規標準法》第16條）

法規對其他法規所規定之同一事項而爲特別之規定者，應優先適用之。其他法規修正後，仍應優先適用。

（二）法律修正後的準用原則（《中央法規標準法》第17條）

法規對某一事項規定適用或準用其他法規之規定者，其他法規修定後，適用或準用修正後之法規。

（三）後法優於前法原則（《中央法規標準法》第18條）

各機關受理人民聲請許可案件適用法規時，除依其性質應適用行爲時之法律外，如在處理程序終結前，據以准許之法規有變更者，適用新法規。但舊法規有利於當事人而新法規未廢除或禁止所聲請之事項者，適用舊法規。

（四）法規之暫停適用及停止或恢復適用之程序原則（《中央法規標準法》第19條）

法規因國家遭遇非常事故，一時不能適用者，得暫停適用其一部或全部。法規停止或恢復適用之程序，準用本法有關法規廢止或制定之規定。

（五）一事不二罰原則

即不得對同一違法事件，處以兩種或兩種以上性質相同或

刑名相同的處罰。

二、個別原則

　　我國法律的適用機關為司法機關與行政機關。該二機關除適用上述之一般原則外，又基於職權的不同，而有各自適用法律的原則。茲分述如次：

（一）司法機關適用法律的原則

1、法院

　　我國法院可分普通法院與特別法院兩類。普通法院以審理民、刑事訴訟為主，採三級（地方法院、高等法院與最高法院）三審制度（《法院組織法》第1條）。特別法院如行政法院，負責審理行政訴訟（《行政訴訟法》第2條）；軍事法庭，負責審理現役軍人有關刑事訴訟的審判。法院適用法律的原則如次：

(1)不告不理原則

　　即法院非經當事人之請求，不得自行審判。所謂「當事人」，於民事案件，乃指有請求權人（即原告）至該管法院起訴（請求權）被告，或被告向該管法院提出反訴（抗辯權）；於刑事案件，乃由檢察官提起公訴，或被害人自訴。所謂「不得自行審判」，即指法院適用法律完全處於被動；換言之，即使法院明知有違法情事發生，未經合法起訴亦不能自動審理案件，並適用法律而為裁判（《刑事訴訟法》第268條）。

(2)不得拒絕審判原則

　　法院不得以法律條文不明白或不完備為理由，而拒絕審

判。蓋國家設立法院的本意即在維持社會秩序，保障人民權利；因此，當法律規定不明確時，必須經由解釋方法，以探求法律真義，而為適用；當法律規定不完備時，就刑事案件而言，則應依《刑法》第1條規定：「行為之處罰，以行為時之法律有明文規定者，為限。」而為刑事裁判；換言之，若行為時之法律並未明文規定該行為屬犯罪行為，則法官應作無罪的判決，並不得類推適用及比附援引，此即罪刑法定主義的精神。就民事案件而言，應適用《民法》第1條規定：「民事，法律所未規定者，依習慣，無習慣者，依法理。」而為民事裁判，並得類推適用，比附援引類似的規定，以為審判。

(3)一事不再理原則

法院受理案件，凡經裁判確定，當事人即不得對同一案件再為同一訴訟。所謂「裁判確定」，係指法院為裁判後，當事人（敗訴之一方）不再上訴，或當事人（敗訴之一方）經上訴至最高法院（最終審），並經最高法院裁判後，法院即不再受理前後兩案內容相同之訴訟案件，其目的在於確保裁判之既判力，以防止經法院確定之裁判，被不斷反覆提起訴訟，則糾紛永遠難解，造成法律功能喪失。但當事人如有聲請[5]「再審」（《刑事訴訟法》第420條）或提起「非常上訴」[6]的理由，仍可對已經法院判決確定的案件再為訴訟。

(4)公開審判原則

訴訟之辯論及裁判之宣示，應公開法庭行之（《法院組織法》第86條）。但有妨害國家安全、公共秩序或善良風俗之虞時，法院得決定不予公開，但審判長應將不公開之理由宣示（《法院組織法》第87條）。

2、法官

(1)審判獨立原則

　　法官做為社會是非公道之仲裁者，其在法庭上之言行皆關係到當事人的權益甚巨，故我國《憲法》第80條即規定：「法官須超出黨派以外，依據法律獨立審判，不受任何干涉。」第81條復規定：「法官為終身職。非受刑事或懲戒處分或禁治產之宣告，不得免職，非依法律，不得停職、轉任或減俸。」一方面要求法官本獨立客觀公平之精神來仲裁是非，一方面對法官之獨立審判採憲法保障主義，讓法官在審判案件時，既不受行政機關的干涉，亦不受其上級法院的任何干涉。

(2)須在法庭內進行審判原則

　　法官審理案件，應在法院內開庭（《法院組織法》第84條第1項），而不得隨地審判；故法官應於法庭之內，方得行使其審判權。但高等法院或地方法院於必要時，亦得在其管轄區域內未設分院的地方開臨時庭（《法院組織法》第85條第1項）。

(3)不得拒絕適用法律原則

　　法律如經法定程序制定，並公布施行，則法官便有適用法律的義務，而無拒絕適用法律的權利。否則將導致民主法治國家權力分立原則的破敗；惟法官於適用法令時，如認為法律的規定有牴觸憲法的疑義，或命令的規定有牴觸憲法或法律的疑義時，可聲請司法院大法官會議解釋[7]。蓋依我國憲法與憲法增修條文規定，只有司法院大法官會議具有解釋憲法和統一解釋法律及命令之權。故一般法官除法律屬形式違憲可以拒絕適用外，凡是未經司法院大法官會議宣布無效的法律，都不可以拒絕適用，而與憲法或法律不相牴觸的「規章」（行政機關所制定

具有法律性質的命令），也不得排斥不用。（《司法院大法官會議釋字第38號解釋》）

（二）行政機關適用法律的原則

1、主動適用法律原則

通常行政機關本於依法行政原則，應主動適用法律，無待人民請求，此乃不同於司法機關之被動適用法律。例如，交通警察機關應主動適用交通法規，對於交通違規事件進行取締告發工作；再如經濟部會機關，應主動適用經濟法規，促進國內經濟之繁榮。但行政機關亦有基於當事人的請求，而被動的適用法律的情形。例如《訴願法》第1條規定：「人民對於中央或地方機關之行政處分，認為違法或不當，致損害其權利或利益者，得依本法提起訴願。」此時，行政機關才可依法採取行政措施。

2、自由裁量應依法律原則

由於人類團體生活極為複雜，非法律所能夠完全規範，為使行政機關能應付如此複雜的社會現象，通常在法律所許可的範圍內，或不牴觸法律的前提下，行政機關得就其職權所掌事項，為自由裁量處分。

3、層級指揮監督原則

根據《公務員服務法》第1條規定：「公務員應遵守誓言，忠心努力，依法律命令所定，執行其職務。」第2條復規定：「長官就其監督範圍以內所發命令，屬官有服從之義務。但屬官對於長官所發命令，如有意見，得隨時陳述。」換言之，行政

機關適用法律時，須受上級機關的指揮監督，不能如同司法機關一樣，獨立適用法律，不受上級或其他行政機關之干涉。惟下級行政機關對於上級行政機關所發有關指揮監督的命令，如有意見，得隨時陳述，請求核示，若未被上級行政機關採納，仍應照原命令執行。但下級行政機關服從上級行政機關之義務並非絕對，假如命令明顯違法，屬官自得拒絕服從。對此，《刑法》第21條第2項規定：「依所屬上級公務員命令之職務上行為，不罰。但明知命令違法者，不在此限。」

4、得發布命令以適用法律原則

即行政機關適用法律時，可以發布命令。蓋部分法律所規定之事項，常為原則性規定，而不夠詳細具體。此乃現代社會專業分工結果，導致立法機關在制定法律時，常因法律內容過於專門性和技術性，而無法做詳細規範，故由立法機關授權行政機關在適用法律時，得因時因地制宜，訂定如規程、規則、細則、辦法、綱要、標準或準則等，具有法規性質的命令，以落實法律所欲達成的目的。

註釋

[1]《民法》第205條：「約定利率，超過週年百分之二十者，債權人對於超過部分之利息，無請求權。」

[2] 參閱《民事訴訟法》第2編「第一審程序」第1章「通常訴訟程序」第3節「證據」與《刑事訴訟法》第1編「總則」第12章「證據」。

[3]《民法》第1061條：「稱婚生子女者，謂由婚姻關係受胎而生之子

女。」

[4]DNA（去氧核糖核酸）為存在細胞中之遺傳成份，由A、T、C、G四種含氮鹼基，依照A-T、C-G氫鍵的固定方式來配對，排列成獨特的雙股螺旋形結構，總數達30億對。而人類的DNA一半來自父親的精子細胞，一半來自母親的卵子細胞；故可由DNA的排序，做為親子血緣關係鑑定學理的根據。

[5]對法院用「聲請」，對行政機關用「申請」。

[6]《刑事訴訟法》第441條：「判決確定後，發見該案件之審判係違背法令者，最高法院之檢察長得向最高法院提起非常上訴。」

[7]《司法院大法官審理案件法》第5條第1項第1款：「中央或地方機關，於其行使職權，適用憲法發生疑義，或因行使職權與其他機關之職權，發生適用憲法之爭議，或適用法律與命令發生有牴觸憲法之疑義者。」《司法院大法官審理案件法》第7條第1項第1款：「中央或地方機關，就其職權上適用法律或命令所持見解，與本機關或他機關適用同一法律或命令時所已表示之見解有異者。但該機關依法應受本機關或他機關見解之拘束，或得變更其見解者，不在此限。」

第八章　法律的解釋

第一節　意義

　　目的在於處理法規範存在，但意涵模糊時（即法概念不明確），得以解釋方式而使法規範具體、明確的被適用（楊仁壽，1986：121）。所謂「不明確的法律概念」，通常是由部分確定的核心概念和部分不確定的外延概念所組成，並造成法律概念具有流動性質，且呈現模糊現象。一般而言，不確定法律概念形成的原因可分兩種，分述如次：

一、立法者的故意[1]

　　此種出於立法者故意的不確定法律概念是一種普遍存在的事實，此乃社會現象日趨複雜，立法者無法完全掌握社會未來發展趨勢，而採逐條逐項逐款的列舉方式加以全部規範；此外，修法程序曠日廢時，每每費盡千辛萬苦才修改完成，旋因環境快速變遷而得重新修改，故採概括方式統攝，再輔以法令的解釋和補充，以資救濟。通常，此種出於立法者故意的不確定法律概念，被稱為「一般條款」或「概括條款」。茲舉例說明如下：

1 《憲法》第4條：「固有之疆域」。
2 《刑法》第2條：「公共秩序」和「善良風俗」。
3 《民法》第148條第2項：「誠實及信用方法」。
4 《公平交易法》第24條：「欺罔或顯失公平」。

　　此外，這類不確定法律概念常與裁量概念混淆，實則不確
定法律概念的重點在於：A.存在於構成要件事實（法律要件）
之中；B.雖有多種解釋或判斷之可能，但只有一種係屬正確。
裁量概念的重點在於：A.產生法律效力的選擇；B.裁量之各種
選擇皆屬合法（僅發生適當與否問題）。茲區分二者於**表8-1**。

表8-1　不確定法律概念與「裁量」的區別

法例		構成要件	法律效力
《醫師法》第25條	條文	醫師於「業務上如有不正當行為」或「精神異常」，「不能執行業務」時，	經衛生主管機構認定後得「撤銷其執業執照」或「予以停業處分」。
	說明	「業務上不正當行為」、「精神異常」、「不能執行業務」皆屬不確定法律概念。	當上述構成要件成立時，主管機構得採取「撤銷其執業執照」或「予以停業處分」，此為執法機構「裁量權」的行使。
《民法》第149條	條文	對於現時不法之侵害，為防衛自己或他人之權利所為之行為，不負損害賠償之責。但「已逾越必要程度者」，	仍「應負相當賠償之責」。
	說明	「已逾越必要程度者」屬不確定法律概念。	「應負相當賠償之責」為執法機構「裁量權」的行使。
《刑法》第234條	條文	公然為猥褻之行為者，	處拘役或一百元以下罰金。
	說明	「猥褻」屬不確定法律概念。	處「拘役」或「一百元以下罰金」為執法機構「裁量權」的行使。

二、立法者的非故意

(一) 立法者的疏忽

此種情形,通常是基於法律規定的不統一所造成。此乃社會日趨複雜,各種法律因應人類需要而產生,但立法者在立法過程中,往往疏於從事法案的查覆工作,造成各種法律之間常有重複規範某一法律事項的情形,而造成一事多法。以「公務員」的定義爲例,《刑法》第10條第2項:「稱『公務員』者,謂依法令從事於公務之人員。」《公務人員任用法施行細則》第2條:「本法所稱『公務人員』,指各機關組織法規中,除政務官及民選人員外,定有職稱及官等職等之文職人員。」然「公務員」與「公務人員」差別何在?應如何適用?皆對法之明確性產生影響。爲防止類似情事發生,則法律制定前應詳查相關法條以避免規定重複,甚至矛盾的情形。另亦可對同質性高的法律進行整合,俾去蕪存菁,以達法律之體系化。(管歐,1997:30-1)

(二) 立法者的未預見

主要是因爲立法者當初立法的時候,受限於時空因素,或受限於表達的方法和能力,而無法準確、完整看清事實,以至於條文之內容不夠明確、條文的意義指涉不清。通常可透過條文的解釋,使其意義清楚。(王澤鑑,1994:157-62)例如,《視聽歌唱理髮三溫暖舞廳舞場酒家酒吧及特種咖啡茶室業管理規則》(非現行法規)第3條第1項第6款:「酒家業:指提供場

所，備有服務生『陪侍』，供應酒、菜或其他飲食物之營利事業。」條文中的所謂「陪侍」，實不易界定，故屬不確定法律概念。再如，立法者於《民法》第66條第1項規定「不動產」為「『土地』及其『定著物』」；第67條復規定「動產」為「不動產以外之物」。如此看似對「不動產」與「動產」兩項法律概念均有具體明確的界說。及至1959年，最高法院判決：「輕便軌道，係屬『動產』。」這才引發輕便軌道是否應屬於民法第66條第1項所稱之「定著物」（不動產）。後經司法院大法官會議於1961年12月6日做成《釋字第93號》，並明確規定：「輕便軌道除係臨時敷設者外，凡繼續附著於土地而達其一定經濟上之目的者，應認為『不動產』。」（http://wjirs.judicial.gov.tw/jirs/judge.asp）於是原屬不明確的法律概念，經統一解釋後變得具體明確。

第二節　方法

一、法定解釋

又稱「機關解釋」或「強制解釋」，乃有權解釋機關基於本身職權所為之解釋。

（一）立法解釋

即立法機關所為之法律解釋，又可分為法規解釋與職權解釋兩種，茲分述如次：

1、法規解釋

乃立法機關於立法時，即以法律解釋法律。蓋法律爲立法機關所制定，故由立法機關以法律解釋，自能符合原意。惟嚴格而論，法規解釋實屬立法工作；而非透過解釋，以法律適用。

(1)同一法律中規定有解釋者

■ 法律意義的解釋：例如《刑法》第13條：「行爲人對於構成犯罪之事實，明知並有意使其發生者，爲『故意』。」此即顯例。

■ 法律適用之解釋：例如《民法》第1138條規定遺產繼承人之順序，始自「直系血親卑親屬」，依次爲父母、兄弟姊妹、祖父母；第1139條復規定：「第一順序之繼承人，以親等近者爲先」，即可解決適用第一順序繼承人時之困難。

(2)非同一法律規定有解釋者

例如《民法》第30條：「法人非向主管機關登記，不得成立。」條文中對「主管機關」一詞未有明確界定，但由立法者於《民法總則施行法》第10條第1項：「依民法總則規定法人之登記，其主管機關爲該法人事務所所在地之法院」之規定，而有明確界定。

2、職權解釋

乃立法機關依其職權所爲之解釋，但立法機關非執法機關，當無法律適用可言，既無適用，何來解釋。

（二）行政解釋

　　乃行政機關執行法令時，所為關於本機關對於法令的見解及上級機關就法令涵義所為之解釋。通常，此種行政解釋只在上級機關及其所轄下級機關發生拘束力。一般而言，行政機關解釋法令的範圍，僅以行政機關的職權範圍內所發布的行政法令為限。即下級行政機關對於本身所發布的行政命令有解釋權，但不得違反上級行政機關的行政命令，否則上級行政機關對於下級機關所為之解釋得予以變更或撤銷。此外，行政機關於其行使職權，適用憲法發生疑義，或就其職權上適用法律或命令所持見解，與他機關適用同一法律或命令時所已表示之見解有異者，只能由司法院解釋（《司法院大法官審理案件法》第5條第1項第1款、第7條第1項第1款）。

（三）司法解釋

　　即司法機關對於法律所為之解釋。依我國法律規定，司法解釋又可分為釋疑解釋與審判解釋兩種。

1、釋疑解釋

　　人民或政府機關，對於法律條文有疑義時，得向司法機關聲請解釋。我國《憲法》第78條即規定：「『司法院』解釋憲法，並有統一解釋法律及命令之權。」《憲法》第171條復規定：「法律與憲法牴觸者無效。法律與憲法有無牴觸發生疑義時，由『司法院』解釋之。」故依據我國法律規定，司法院大法官會議（《司法院大法官審理案件法》第2條[2]）得就各行政機關或人民對憲法、法律或命令所聲請之疑義，提出釋疑解釋

（《司法院大法官審理案件法》第5條）。茲分別就解釋憲法及統
一解釋法令二方面說明如次：

(1)解釋憲法

1有權解釋憲法機關：司法院置大法官十七人（《司法院組
織法》第3條），以會議方式（大法官會議），合議審理司
法院解釋憲法之案件（《司法院大法官審理案件法》第2
條）。

2大法官解釋憲法之事項（《司法院大法官審理案件法》第
4條）：

①關於適用憲法發生疑義之事項。

②關於法律或命令，有無牴觸憲法之事項。

③關於省自治法、縣自治法、省法規及縣規章有無牴觸
憲法之事項。

④上述解釋之事項，以憲法條文有規定者爲限。

3得聲請解釋憲法之情形（《司法院大法官審理案件法》第
5條）：

①中央或地方機關，於其行使職權，適用憲法發生疑
義，或因行使職權與其他機關之職權，發生適用憲法
之爭議，或適用法律與命令發生有牴觸憲法之疑義
者。

②人民、法人或政黨於其憲法上所保障之權利，遭受不
法侵害，經依法定程序提起訴訟，對於確定終局裁判
所適用之法律或命令發生有牴觸憲法之疑義者。

③依立法委員現有總額三分之一以上之聲請，就其行使
職權，適用憲法發生疑義，或適用法律發生有牴觸憲

法之疑義者。

④最高法院或行政法院就其受理之案件，對所適用之法律或命令，確信有牴觸憲法之疑義時得以裁定停止訴訟程序，聲請大法官解釋。

⑤聲請解釋憲法不合前二項規定者，應不受理。

4 限制：

①司法被動主義：採不告不理原則。

②司法的自我限縮：不處理政治問題。

③避免造憲嘗試：以免違反權力分立原則。

(2)統一解釋法令

1 有權解釋憲法機關：司法院置大法官十七人（《司法院組織法》第3條），以會議方式（大法官會議），合議審理司法院統一解釋法律及命令之案件（《司法院大法官審理案件法》第2條）。

2 得聲請統一解釋之情形（《司法院大法官審理案件法》第7條）：

①中央或地方機關，就其職權上適用法律或命令所持見解，與本機關或他機關適用同一法律或命令時所已表示之見解有異者。但該機關依法應受本機關或他機關見解之拘束，或得變更其見解者，不在此限。

②人民、法人或政黨於其權利遭受不法侵害，認確定終局裁判適用法律或命令所表示之見解，與其他審判機關之確定終局裁判，適用同一法律或命令時所已表示之見解有異者。但得依法定程序聲明不服，或後裁判已變更前裁判之見解者，不在此限。

③前項第二款之聲請，應於裁判確定後三個月內爲之。

④聲請統一解釋不合前二項規定者，應不受理。

此外，根據《司法院大法官審理案件法》第9條之規定：「聲請解釋機關有上級機關者，其聲請應經由上級機關層轉，上級機關對於不合規定者，不得爲之轉請」；換言之，下級機關對於適用法令有疑義，必須請求上級機關解答，或層轉最上級機關核示，蓋所屬的下級機關依法應受該最上級機關見解之拘束，或該最上級機關得變更下級機關的見解，故無必要向司法院聲請統一解釋法令。

2、審判解釋

乃法官就訴訟案件適用法律時，所爲之法律解釋。此種解釋並可形成判例，且最高法院的判例有拘束下級法院之效力。

一般而言，法官於具體個案適用法律時，當然有解釋法律的權限，但只對於訴訟當事人具有拘束力，對於其他法院及一般人民在法律上並無拘束力。但上級法院所爲的判決拘束下級的法院，即下級法院所爲的判決，經上級法院撤銷時，上級法院就其適用同一法律所爲的解釋，對於下級法院具有拘束力。最高法院所爲的解釋或判例，對於下級法院方有拘束力，同時也拘束一般行政機關與人民。

二、學理解釋

係依據法律之基本原理原則來解釋法律條文的涵義，並具有理論與實務上的參考價值，惟若非有權機關所爲之解釋，並無法律上的拘束力。茲就各種學理解釋的方法，分述如下：

（一）文義解釋（grammatical interpretation）

1、意義

又稱「文理解釋」或「文字解釋」，係指依據法律條文上的字義做出解釋，以確定法律條文所眞正要表示的意涵。通常以其文字在法律有特別規定者，應從特別之規定解釋，無特別規定者，應從一般之規定解釋。以《民法》第6條「人之權利能力，始於出生，終於死亡」爲例，條文中之「人」係指自然人（法律專有名詞）；條文中之「權利能力」係指人在法律上得享有的權利（法律專有名詞）；「出生」與「死亡」均以法律生效要件爲前提，始具法律效力。故凡屬法律的解釋，應始於法律文句的研究，方能探知該法條之立法意旨。

2、原則

(1)應注意法律概念的專業性

即法律對其條文之用字遣詞，有其特別之定義（專業名詞），故對此類法律專業名詞的解釋，不可依一般的意義解釋。例如民法中所規定之「住所」與「居所」即顯有不同，前者必須符合「於一定之地域久住之事實」與「一人同時不得有兩住所」爲生效要件（《民法》第20條）；後者則指當事人目前居住場所。如就一般字面解釋，「住所」與「居所」實無差異。

(2)應注意法律概念間的關聯性

法律概念之解釋，有時須就整體以觀，以防見樹不見林。蓋部分法律概念之間常存在關聯性，往往牽一髮而動全身，故適用法律時，應窮盡相關法律規範，並避免斷章取義所造成的誤失。例如，《民法》第75條前段規定：「無行爲能力人之意

思表示，無效。」若就此為文義解釋，當指無行為能力人無意思表示能力；但《民法》第76條復規定：「無行為能力人，由法定代理人代為意思表示，並代受意思表示。」於是，在無行為能力人之法定代理人代為意思表示的前提下，無行為能力人當有意思表示能力；換言之，《民法》第75條與第76條之間具有關聯性，適用法條時，應特別注意。

(3)應注意法律概念的適應性

　　法律乃基於人類社會需要而產生，亦應隨人類社會需要而變更，故解釋法律時，應符合法律適用當時的社會需要，而不拘泥於立法當時的意義，以適應時空環境的變遷。例如，《民法》第72條規定：「法律行為有背於公共秩序或善良風俗者，無效。」所謂「公共秩序」與「善良風俗」之意涵，常因時、因地而異，故缺乏絕對的判定標準；此時，應以當時、當地實際的社會生活狀況而為認定。

（二）論理解釋（logical interpretation）

1、意義

　　又稱「推理解釋」、「邏輯解釋」、「體系解釋」、「系統解釋」，即不拘泥於法律條文的字義，而就法律之整體精神，採輯推理方法尋求立法的真意，並參酌法律制定的理由、沿革，甚至外國法規與其他重要學說，以闡明法律條文的真義。

2、原則

　　法理上，關於法律之解釋，文義解釋恆先於論理解釋。蓋文義解釋係依據法律條文作文義解釋，以闡明該法律條文所要傳達的概念意涵。惟實際解釋法律過程中，當文義解釋不足以

確定法律條文的眞正意涵時，方可採論理解釋，依據邏輯推理的原則，以探求法律的精神。

3、方法

論理解釋在應用上極爲廣泛，依其解釋所產生的結果，可區分爲以下幾類，茲分述如次：

(1)當然解釋

係指法律雖無明文規定，然依常理推斷所應爲之解釋。換言之，某項事實若法律沒有明文規定，可根據法律的立法目的和宗旨，解釋該某項事實爲已有規定，而直接適用該項法律規定。例如由高地自然流至的水，低地所有人，不得「妨阻」（《民法》第775條第1項），則當然不得「堵塞」；再如刑法禁止「吸食」鴉片（《刑法》第262條），若不用吸食而用「吞食」，亦當受罰。凡此，皆自明之理，當然適用法律規定。

(2)反面解釋（contrary interpretation）

或稱「反對解釋」，即從法律所規定的反面意義來加以解釋，以闡明法律的眞義。此乃基於相同的法律構成要件，應推論出相同的法律效力；不同的法律構成要件，應推論出不同的法律效力；相反的法律構成要件，應推論出相反的法律效力。實務上，反面解釋適用的情形有二：

1 就法律條文所規定的事項，爲相反之解釋。例如，《憲法》第9條規定：「人民除現役軍人外，不受軍事審判。」反之，現役軍人必須受軍事審判。

2 當法律條文對於類似之兩事項初步爲同樣規定，繼之僅對甲有規定，對乙無規定；此時，乙應與甲得相反之結果。以《民法》第92條之規定爲例：

①《民法》第92條第1項前段：因被「詐欺」或被「脅迫」而爲意思表示者，表意人得撤銷其意思表示。

②《民法》第92條第2項：被「詐欺」而爲之意思表示，其撤銷不得以之對抗善意第三人。

《民法》第92條第1項前段對於「詐欺」或「脅迫」兩事項初步爲同樣規定，繼之第2項僅對「詐欺」有規定（被詐欺人的撤銷不得對抗善意第三人），對「脅迫」則無規定；此時，得採反面解釋，即被脅迫人的撤銷得對抗善意第三人。

反面解釋的適用，應以法律未另作規定者爲限。例如《民法》第1059條第1項前段雖有「子女從父姓」的規定，但不得據爲反面解釋，即「子女不得從母姓」。蓋同條後段有「但母無兄弟，約定其子女從母姓者，從其約定」的例外規定；此時，應從例外規定，不得適用反面解釋。

(3)擴張解釋（extensive interpretation）

或稱「擴充解釋」，係指法律規定之文義，過於狹隘，不足以表示立法之眞義，故擴大文字所能表達的涵義，以期正確適用法律。例如，《刑法》第271條第1項規定：「殺人者，處死刑、無期徒刑或十年以上有期徒刑。」文中所謂的「殺人」，如果依文理解釋，必須有積極致人於死的行爲；但母親長時間不餵食嬰兒的消極不作爲行爲，導致嬰兒餓死，自適用擴張解釋。

(4)限縮解釋（restrictive interpretation）

又稱「限制解釋」、「減縮解釋」或「縮小解釋」，乃縮小法律條文所能表達的意涵，通常是法律條文所規定的文義失之

過寬而與社會實情不符，故將法律條文所能表達的意涵予以限制，以探求法律的眞義。例如，《憲法》第17條規定：「人民有選舉、罷免、創制及複決之權。」文中所謂的「人民」僅指具有我國國籍，且依法取得公民資格的人民，始得享有，從而排除居住於我國領域內之外國人及不具我國公民資格的本國人。再以《民法》第982條第1項「結婚，應有公開之儀式及二人以上之證人」爲例，該條條文並未對「結婚」之性別作規定，如採擴張解釋，則同性之間亦可以成立「婚姻」，但因民法相關條文（例如《民法》第180條關於適婚年齡，稱男、女；又如《民法》親屬編，稱夫、妻）皆以異性之間成立「婚姻」視爲理所當然，故目前同性結婚在我國並無法律效力可言。

（三）比較解釋

係指參考外國相關的法律、判例及學說，用以作爲法律解釋的方法。蓋我國民法多繼受德國、瑞士兩國之民法，商事法則受美國法影響頗巨。故就法學理論與實務而言，旁徵博引外國相關的法律、判例及學說，作爲詮釋我國法律，實屬常事。例如，最高法院於1970年作出《臺上字第1005號判決》謂：「關於第一筆五萬七千六百九十三元部分（包括磚造圍牆）倘確屬有益費用，又已因上訴人之增加設施，所借用房屋之價值，顯然增加，在我國法使用借貸一節之內，雖無請求償還或返還其價值之明文，然依據外國立法例，既不乏得依無因管理或不當得利之法則，請求償還或返還之規定，則本於誠實信用之原則，似非不可將『外國立法例視爲法理而適用之』」即屬顯例。

（四）歷史解釋（historical interpretation）

又稱「法意解釋」或「沿革解釋」，係探求立法者於制定法律時，所爲的價值判斷及所欲實現的目標，以推知立法者的原意，再以立法者的原意解釋法律。因此，必須追溯該法條的歷史沿革，包括立法過程所參考的資料及法律在實踐過程中所產生的影響等。例如，對於《民法》繼承編部分法條遭刪除有疑義時，可以參考《民法》繼承編的制定源由與法規沿革，從而明瞭這些法規遭刪除的理由。以《民法》繼承編遭刪除之第1143條：「無直系血親卑親屬者，得以遺囑就其財產之全部或一部指定繼承人。但以不違反關於特留分之規定爲限」（1985年6月2日以後失效）爲例，而得知該條關於指定繼承人之規定，實屬變相的「立嗣」或「遺囑收養」，已不符當前社會的需求，故遭刪除（http://wjirs.judicial.gov.tw/jirs/rule.asp）。

（五）目的解釋

係就整部法律規範的目的，作爲闡明法律疑義的方法。蓋任何法律皆有其所欲實現的目的，解釋法律應以貫徹法律目的爲主要任務。但這裡所謂的法律目的，並不是指立法者於立法當時的意思（屬歷史解釋），而是指立法者若處於當前情勢下，所應有的意思（屬目的解釋）。此種法律目的有於法律內文中予以明定者，如《著作權法》第1條：「爲保障著作人著作權益，調和社會公共利益，促進國家文化發展，特制定本法。」即爲《著作權法》立法之整體法律目的；有雖未於法律內文中予以明定，但可直接從法律名稱望文生義者，如《護理人員法》，即以規範護理人員爲目的；有法律內文未明定，亦無從自法律名稱

中知曉其目的者，則必須從其法律條文中，歸納出其目的。總之，歷史解釋與目的解釋同在闡明法律規範的意旨，然目的解釋乃從整體的法律目的著手，而歷史解釋乃從個別的法條目的著手。以最高法院於1999年1月5日，對租佃爭議所做出的《臺上字第1號判決》為例，文中指出：「耕地租用，係指以自任耕作為目的，約定支付地租使用他人之農地者而言，土地法第一百零六條第一項定有明文，所稱農地，參照同條第二項之立法精神，應包括漁地及牧地在內。承租他人之非農、漁、牧地供耕作之用者，既非耕地租用，自無耕地三七五減租條例規定之適用。」即根據《土地法》的整體目的做為判決依據（http://wjirs.judicial.gov.tw/jirs/judge.asp）。

（六）合憲解釋

係以高位階的規範，闡明低位階的規範。簡言之，乃將憲法視為法秩序的整體，據此推定所有法規皆為憲法之延伸。其立論基礎為法位階理論，即《憲法》第171條第1項「法律與憲法牴觸者無效」與第172條「命令與憲法或法律牴觸者無效」的規定而來。其目的在於透過各種解釋方法來維持法令的合憲性，當然遇有見解相異的情形時，應依《憲法》第171條第2項規定：「法律與憲法有無牴觸發生疑義時，由『司法院』解釋之。」至於憲法本身的疑義，則依《憲法》第173條規定：「憲法之解釋，由『司法院』為之。」以1981年7月24日，最高法院所作出的「楊定亞等請求給付退休金案」（《臺上字第2642號裁判》）為例：「臺灣省工廠工人退休規則為臺灣省制定之單行法規，旨在促進工廠工人新陳代謝以提高生產效率，並鼓勵工人專業服務及維護其退休後之生活，該規則第一條已有明文，

核與憲法第一百五十三條所示保護勞工之政策及工廠法所訂維
護工人福利之規定，並無牴觸，依憲法第一百零八條第二項之
規定，該規則應屬有效。」（http://wjirs.judicial.gov.tw/jirs/
judge.asp）即屬合憲解釋之顯例。

註釋

[1]學者楊仁壽稱此爲「價值補充」，詳閱楊仁壽（1986），《法學方法
論》，台北市：著者，頁121。

[2]「司法院大法官，以會議方式，合議審理司法院解釋憲法與統一解釋
法律及命令之案件；並組成憲法法庭，合議審理政黨違憲之解散案
件。」

第九章　法律的補充

第一節　意義

　　係指法律體系上之違反計畫的不圓滿狀態（黃茂榮，
1982：324-73）。即由於立法者的疏忽、未預見，或情勢變更，
而使法律體系對於應規定的事項，而未作規定，或不應規定的
事項，而作規定，並造成執法者企圖以法規範調節利益衝突時
的阻礙，此即所謂的「法律漏洞」。換言之，法律補充的目的在
於處理法規範存在，但不完全時（即法規範有漏洞），得以補充
方式而使法規範完全。

　　法律的補充與法律的解釋的區別在於，法律的解釋係以法
規範存在但不明確為前提；而法律的補充則以法規範存在但不
完全為前提。此外，在法律適用上，法律解釋恆先於法律漏洞
的補充；惟當法規範無法經由解釋方式予以適用時，方得運用
補充方式使法規範得以適用。

第二節　原因

　　法律需要補充的原因，在於法規範出現漏洞，而漏洞發生
的原因，不外以下數種，茲分述如次（黃茂榮，1982：
374）：

一、立法者思慮不周

（一）立法時根本沒考慮到

　　例如，最高法院於 1973 年 4 月 6 日對「林郭盞請求王世昭給付借款案」，作出《臺上字第 776 號判例》，謂：「最高額抵押與一般抵押不同，最高額抵押係就將來應發生之債權所設定之抵押權，其債權額在結算前並不確定，實際發生之債權額不及最高額時，應以其實際發生之債權額爲準。」（http://wjirs.judicial.gov.tw/jirs/judge.asp）即因立法機構未對「最高額抵押」作立法規範，而由法官作成具有法律規範性質的判決，是屬法官造法，亦爲法律漏洞的補充。

（二）立法時曾考慮到，但不周詳

　　例如，我國憲法只規定行政院（《憲法》第 58 條第 2 項）和考試院（《憲法》第 87 條）有向立法院提出法律案之職權，並沒有規定監察院也有提案權；於是，監察院聲請釋憲。司法院大法官會議於 1952 年 5 月 21 日作成《釋字第 3 號》解釋文：「監察院關於所當事項，是否得向立法院提出法律案，憲法無明文規定，而同法第八十七條則稱考試院關於所當事項，得向立法院提出法律案，論者因執『省略規定之事項應認爲有意省略』以及『明示規定其一者應認爲排除其他』之拉丁法諺，認爲監察院不得向立法院提案。實則此項法諺並非在任何情形之下均可援用，如法律條文顯有闕漏，或有關法條尚有解釋之餘地時，則此項法諺，即不復適用。我國憲法間有闕文，例如憲法

上由選舉產生之機關，對於國民大會代表及立法院立法委員之選舉，憲法則以第三十四條、第六十四條第二項載明『以法律定之』，獨對於監察院監察委員之選舉，則並無類似之規定，此項闕文，自不能認為監察委員之選舉，可無需法律規定，或憲法對此有意省略，或故予排除，要甚明顯。憲法第七十一條，即憲草第七十三條，原規定『立法院開會時，行政院院長及各部會首長得出席陳述意見。』經制憲當時出席代表提出修正，將『行政院院長』改為『關係院院長』。其理由為：『考試院、司法院、監察院就其主管事項之法律案，關係院院長自得列席立法院陳述意見。』經大會接受，修正如今文，足見關係院院長係包括立法院以外之各院院長而言。又憲法第八十七條，即憲草第九十二條，經出席代表提案修正，主張將該條所定『考試院關於所掌事項提出法律案時，由考試院祕書長出席立法院說明之。』予以刪除。其理由即為：『考試院關於主管事項之法律案，可向立法院提送，與他院同。如須出席立法院說明，應由負責之院長或其所派人員出席，不必於憲法中規定祕書長出席。』足徵各院皆可提案，為當時制憲代表所不爭。遍查國民大會實錄，及國民大會代表全部提案，對於此項問題，曾無一人有任何反對，或相異之言論，亦無考試院應較司法監察兩院有何特殊理由，獨需提案之主張。我國憲法依據　孫中山先生創立中華民國之遺教而制定，載在前言。依憲法第五十三條（行政）、第六十二條（立法）、第七十七條（司法）、第八十三條（考試）、第九十條（監察）等規定，建置五院。本憲法原始賦與之職權，各於所掌範圍內，為國家最高機關，獨立行使職權，相互平等，初無軒輊；以職務需要言，監察、司法兩院，各就所掌事項，需向立法院提案，與考試院同。考試院對於所

掌事項，既得向立法院提出法律案，憲法對於司法、監察兩院，就其所掌事項之提案，亦初無有意省略，或故予排除之理由。法律案之議決，雖爲專屬立法院之職權，而其他各院關於所掌事項，知之較稔，得各向立法院提出法律案，以爲立法意見之提供者，於理於法均無不合。綜上所述，考試院關於所掌事項，依憲法第八十七條，既得向立法院提出法律案，基於五權分治平等相維之體制，參以該條及第七十一條之制訂經過，監察院關於所掌事項，得向立法院提出法律案，實與憲法之精神相符。」（http://wjirs.judicial.gov.tw/jirs/judge.asp）監察院從而獲得提出法律提案權，此即顯例。

二、法律上有意義的情事變更

（一）情事

其影響必須及於社會全體或局部之情事，並且不考慮當初法律規範成立時的環境。

（二）變更

僅指絕對事變，不可抗力事變，而且僅限於如戰爭、通貨膨脹引起的物價上漲、幣制轉換，能源危機引起物資短缺而導致物價上漲等，所謂社會災難事變。如國家法令變更、社會經濟情況改變等，學說上通稱之不可抗力事變，未造成社會災難者，尚不屬之（彭鳳至，1986：239-77）。

（三）我國法律對情事變更原則的規定

《民事訴訟法》第397條第1項：「法律行為成立後，因不可歸責於當事人之事由，致情事變更非當時所得預料，而依其原有效果顯失公平者，法院應依職權公平裁量，為增減給付或變更其他原有效果之判決。」

三、立法者有認識的法律漏洞

即立法者自覺對擬予規範之案型的瞭解還不夠（不是故意，而是無能為力），而不加規範。

第三節　方法

通常，法律漏洞是藉由司法機構在法律規範的適用過程中，發現該法律規範存在「體系違反」的情形。所謂「體系違反」是指立法機構所創設的法律規範，理想狀況應為一個在邏輯上及價值上沒有矛盾的法律體系，但實際狀況卻發生「規範矛盾」[1]與「價值判斷矛盾」（黃茂榮，1982：348-57），而造成法律體系的矛盾。對此，法官應探求法律規範的目的，透過法律補充方式，來填補法律漏洞，將可能的體系違反予以排除，俾使法律所追求的價值，可充分圓滿地獲得實現。至於法律漏洞的補充，可採以下方法：

一、類推適用

　　即關於某種特定的法律事實，法律既未直接規定應適用何項條文以解決，又未指示應該加以準用之規定時（通常出於立法者的疏忽、未預見），由適用法律之人（法官）依據「法理」選擇「立法意旨」與該種法律事實最接近之法律規定，而加以適用者，稱為「類推適用」，亦即舊律所稱之「比附援引」。

　　類推適用源自公平原則（相同的案件，應為相同的處理）之理念，藉由擴張法律條文的構成要件，創設新的法律規範。惟刑法基於「罪刑法定主義」原則，不能採用類推適用來解決法律漏洞問題，故類推適用最常用於《民法》。

二、目的性限縮

　　係指法律規定有漏洞，並來自立法者對某些事項差異的疏忽，而使這些形式類似但本質有別的事項受相同的法律規範。為此，法官乃就原為法律文義所涵蓋的類型中，積極剔除不合規範意旨的部分，使之不在該法律適用範圍之列，故屬漏洞補充之一種。此乃基於不同的案件，應為不同的處理原則。

　　目的性限縮所補充的漏洞屬「隱藏的漏洞」[2]（黃茂榮，1982：380-4），通常法官為目的性限縮的補充時，必須將原文義所涵蓋的類型，詳加審視後，將之區分為合乎規範意旨的類型與不合乎規範意旨的類型，再將不合乎規範意旨的類型，排除在該法律的適用範圍之外，則該法律漏洞的補充始告完成。

　　關於目的性限縮，學者（楊仁壽，1986：188-9；王海

南，2000：189）最常舉的法例爲《民法》第106條：「代理人非經本人之許諾，不得爲本人與自己之法律行爲，亦不得既爲第三人之代理人，而爲本人與第三人之法律行爲。但其法律行爲，係專履行債務者，不在此限。」即關於「禁止自己代理及雙方代理」的規定。蓋立法者認爲，如允代理人爲自己代理或雙方代理的行爲，則利益衝突，代理人必不能善盡其職務。

　　但分析該條對代理人設有兩個代理人不得爲自己代理及雙方代理行爲的原則：A.爲自己代理或雙方代理有利益衝突者；B.即令爲自己代理或雙方代理亦無利益衝突者。此外，復設有兩個代理人得爲自己代理及雙方代理行爲的例外情形：A.經本人許諾，因本人甘冒不利益之危險，法律不必多加干涉；B.係專履行債務，無利益衝突之弊。

　　今設父親甲（完全行爲能力人）以自己的立場，將其財產以死亡爲原因，贈與其子乙（無行爲能力人，故由其父爲法定代理人），另又以乙的法定代理人身分，代表乙允受贈與。如依民法第106條的規定，該代理行爲，無效。蓋違反原則B.「即令爲自己代理或雙方代理亦無利益衝突者」。

　　此即立法者疏忽，未將代理人給與被代理人之純獲益行爲設爲例外情形所致。蓋最高法院於1970年所做成的《臺上字第4401號民事判決》稱：「被繼承人一面以自己之立場，將其財產以死亡爲原因，贈與被上訴人，一面又以被上訴人之法定代理人身分，代被上訴人允受贈與，此種雙重行爲並無對價關係，於未成年之被上訴人並無不利，依照當時有效之日本民法及適用臺灣習慣，與現行民法第七十七條、第一百零六條但書之規定，自屬有效成立」即透過目的性限縮，將此法律漏洞補充起來。

三、目的性擴張

　　係指法律規定有漏洞，並來自立法者對某些事項差異的疏忽，而使這些形式相異但本質相同的事項受不同的法律規範。為此，法官乃就未爲法律文義所涵蓋的類型中，積極納入符合規範意旨的事項，使之成爲該法律適用範圍之列，故屬漏洞補充之一種。此乃基於相同的案件，應爲相同的處理原則。

　　例如，最高法院於1962年3月15日對「吳煌請求林永峰等給付票款」一案，作出《臺上字第581號判例》，謂：「平行線支票依票據法第一百三十九條之規定，固僅得對銀錢業者支付之，其提示人亦僅以銀錢業者爲限，否則不生提示之效力，惟平行線支票倘遇當地並無其他行庫，或行庫本身恰爲付款人時，則行庫受委託後，一面居於提示銀行之地位，向其本身爲提示，一面將該支票予進帳或因空頭而不能進帳時，則居於付款銀行之地位而爲拒絕付款之證明，俾便追索權之行使，核與上開法條規定之精神尚無牴觸。」（http://wjirs.judicial.gov.tw/jirs/judge.asp）即屬顯例。

四、創造性補充

　　又稱「法律續造」，係法律適用之極致。蓋司法者適法與立法者立法分屬不同作爲，此爲民主法治國家的權力分立原則。惟當立法機構不願或不能立法（立法懈怠）時，又法律漏洞無法經由類推適用、目的性限縮或目的性擴張等方法予以補充的情況下，造成法官無法可適，但又必須面對法律事實，立即給

予規範時，法官唯有依據法理，創造規範，解決問題，此即「法官造法」。但其前提在於必須窮盡各種方法皆無效後，始得為之。此外，法官造法應謹慎為之，不得濫用，以避免朝令夕改，進而影響法律的安定性和可預期性。

實務上，我國亦有法官造法之例。例如，最高法院於1973年12月14日對「吳黃紫蘭等確認遺產等為訴訟標的之法律關係」一案，作出《臺上字第2996號判例》，謂：「我民法並無關於信託行為之規定，亦無信託法之頒行，通常所謂信託行為，係指信託人將財產所有權移轉與受託人，使其成為權利人，以達到當事人間一定目的之法律行為而言，受託人在法律上為所有權人，其就受託財產所為一切處分行為，完全有效。縱令其處分違反信託之內部約定，信託人亦不過得請求賠償因違反約定所受之損害，在受託人未將受託財產移還信託人以前，不能謂該財產仍為信託人之所有。」（http://wjirs.judicial.gov.tw/jirs/judge.asp）即對立法機構尚未規範之「信託行為」作成具有法律規範性質的判決，是屬法官造法，亦為法律漏洞的補充。

註釋

[1]「規範矛盾」又可分為「可化解的規範矛盾」（可循法律解釋途徑化解）與「不可化解的規範矛盾」（屬法律漏洞）。

[2]隱藏的漏洞：依法律規範意旨，本應就某類型事項消極設限，而未予以設限謂之。

第十章　法律的制裁

　　法律制裁係法律對於違法行為所予的處罰。法律無處罰，猶如有槍無彈，不能發揮其效用。故言法律，則莫不有制裁。

第一節　憲法的制裁

一、對總統、副總統的制裁

（一）彈劾

1、有權機關

　　■立法院有主動提案權（《第六次憲法增修條文》第3條第7項）。
　　■國民大會有被動議決權（《第六次憲法增修條文》第1條第2項）：須立法院發動提出，國民大會始能受理表決。

2、程序

(1)立法院部分
　　立法院對於總統、副總統之彈劾案，須經全體立法委員二分之一以上之提議，全體立法委員三分之二以上之決議，向國民大會提出（《第六次憲法增修條文》第3條第7項）。

(2)國民大會部分
　　立法院向國民大會提出之總統、副總統彈劾案時，國民大會代表應於三個月內採比例代表制選出三百人（《第六次憲法增修條文》第1條第1項）；經國民大會代表總額三分之二同意

時，被彈劾人應即解職（《第六次憲法增修條文》第2條第10項）。

（二）罷免

1、有權機關

■立法院有主動提案權（《第六次憲法增修條文》第2條第9項）

■中華民國自由地區選舉人有被動議決權（《第六次憲法增修條文》第2條第9項）：須立法院發動提出，中華民國自由地區選舉人（合格公民）始能受理表決。

2、程序

(1)立法院部分

須經全體立法委員四分之一之提議，全體立法委員三分之二之同意後提出。

(2)中華民國自由地區選舉人部分

經中華民國自由地區選舉人總額過半數之投票，有效票過半數同意罷免時，即為通過。

二、對公務人員的制裁

（一）對公務人員的彈劾

1、有權機關（《第六次憲法增修條文》第7條第1項）

監察院為國家最高監察機關，行使彈劾、糾舉等權。

2、對象

(1)對於中央、地方公務人員及司法院、考試院人員之彈劾

須經監察委員二人以上之提議，九人以上之審查及決定，始得提出（《第六次憲法增修條文》第7條第3項）。

(2)對於監察院人員失職或違法之彈劾

適用《憲法》第95條、第97條第2項及《第六次憲法增修條文》第7條第3項之規定。

（二）對公職人員的罷免

1、有權機關（《憲法》第133條）

原選舉區的選舉人。

2、對象

根據《公職人員選舉罷免法》第2條的規定，公職人員指下列人員：

(1)中央公職人員

國民大會代表、立法院立法委員。

(2)地方公職人員

省（市）議會議員、縣（市）議會議員、鄉（鎮、市）民代表會代表、省（市）長、縣（市）長、鄉（鎮、市）長、村、里長。

3、程序

(1)罷免案之提出（《公職人員選舉罷免法》第4章）

❶得由原選舉區選舉人向選舉委員會提出罷免案，但以下

情形例外：

①就職未滿一年者，不得罷免。

②全國不分區、僑居國外國民選舉之當選人，不適用罷免之規定。

2 罷免案應附理由書，以被罷免人原選舉區選舉人（其年齡及居住期間之計算，以罷免案提出日爲準）爲提議人（現役軍人、警察或公務人員不得爲罷免案提議人），其人數應爲原選舉區選舉人總數百分之二以上。但罷免案於未徵求連署前，經提議人總數三分之二以上同意，得以書面向選舉委員會撤回之。

(2)罷免案之成立

1 選舉委員會收到罷免案提議後，應於十五日內查封其提議人；如合於規定，即通知提議人之領銜人於十日內領取連署人名冊，並於一定期間內徵求連署。

2 罷免案之連署人，以被罷免人原選舉區選舉人爲連署人，其人數應爲原選舉區選舉人總數（以被罷免人當選時原選舉區之選舉人總數爲準）百分之十三以上。

3 罷免案經查明連署合於規定後，選舉委員會應爲罷免案成立之宣告；其不合規定經宣告不成立之罷免案，原提議人對同一被罷免人自宣告不成立之日起，一年內不得再爲罷免案之提議。

4 罷免案宣告成立後，應將罷免理由書副本送交被罷免人，於十日內提出答辯書；並由選舉委員會應於被罷免人提出答辯書期間屆滿後五日內，公告罷免理由書、答辯書，罷免投票日期及投票起、止時間。

(3)罷免投票之舉行

1 罷免案之投票，應於罷免案宣告成立後三十日內爲之，並不得與各類選舉之投票同時舉行。

2 罷免票應在票上刊印「同意罷免」、「不同意罷免」兩欄，由投票人以選舉委員會製備之工具圈定之。

3 罷免案投票人數不足原選舉區選舉人總數二分之一以上或同意罷免票數未超過有效票數二分之一以上者，均爲否決。

4 罷免案經投票後，選舉委員會應於投票完畢七日內公告罷免投票結果。罷免案通過者，被罷免人應自公告之日起，解除職務。

5 罷免案通過者，被罷免人自解除職務之日起，四年內不得爲同一公職人員候選人；其於罷免案宣告成立後辭職者亦同。罷免案否決者，在該被罷免人之任期內，不得對其再爲罷免案之提議。

三、對政黨的制裁

（一）定義

政黨之目的或其行爲，危害中華民國之存在或自由民主之憲政秩序者爲違憲（《第六次憲法增修條文》第6條第5項）；違憲之政黨得解散之（《第六次憲法增修條文》第5條第4項）。

（二）有權機關

憲法法庭（司法院大法官組成）專門負責審理政黨違憲之解散事項（《第六次憲法增修條文》第5條第4項）。

（三）程序（《司法院大法官審理案件法》第三章）

1主管機關得聲請司法院憲法法庭解散之（《司法院大法官審理案件法》第19條）。

2憲法法庭審理政黨違憲解散案件，如認該政黨之行為已足以危害國家安全或社會秩序，而有必要時，於判決前得依聲請機關之請求，以裁定命被聲請政黨停止全部或一部之活動（《司法院大法官審理案件法》第31條）。

3憲法法庭應本於言詞辯論而為裁判，並須有大法官現有總額四分之三以上出席，始得為之。未參與辯論之大法官不得參與評議判決（《司法院大法官審理案件法》第21條）。

4憲法法庭對於政黨違憲解散案件判決之評議，應經參與言詞辯論大法官三分之二之同意決定之；評議未獲前項人數同意時，應為不予解散之判決（《司法院大法官審理案件法》第25條）。

5憲法法庭應於言詞辯論終結後一個月內指定期日宣示判決（《司法院大法官審理案件法》第24條）。

6憲法法庭對於政黨違憲解散案件裁定之評議，應有大法官現有總額四分之三之出席，及出席人員過半數之同意行之（《司法院大法官審理案件法》第25條）。

7被宣告解散之政黨，對於憲法法庭之裁判，不得聲明不

服。並應即停止一切活動，並不得成立目的相同之代替組織，其依政黨比例方式產生之民意代表自判決生效時起喪失其資格。政黨解散後，其財產之清算，準用民法法人有關之規定（《司法院大法官審理案件法》第29條）。

第二節　行政法的制裁

係國家對於違反行政法規或行政處分者的處罰，其對象有三：行政機關、公務員與人民。分述如次：

一、對行政機關的制裁

當行政機關所為之行政行為有違法、不當，致損害人民的權益時，人民得聲請行政制裁，以維護自身權益。

（一）聲請行政制裁

1、訴願

(1)訴願理由

■人民對於中央或地方機關之行政處分[1]，認為違法或不當，致損害其權利或利益者，得依法提起訴願（《訴願法》第1條第1項）。

■人民因中央或地方機關對其依法申請之案件，於法定期間內應作為而不作為，認為損害其權利或利益者，亦得

提起訴願（《訴願法》第2條第1項）。

3 各級地方自治團體或其他公法人對上級監督機關之行政
處分，認為違法或不當，致損害其權利或利益者，得依
法提起訴願（《訴願法》第1條第2項）。

(2) 訴願對象（《訴願法》第4條）

1 不服鄉（鎮、市）公所之行政處分者，向縣（市）政府
提起訴願。

2 不服縣（市）政府所屬各級機關之行政處分者，向縣
（市）政府提起訴願。

3 不服縣（市）政府之行政處分者，向省政府提起訴願。

4 不服省政府所屬各級機關之行政處分者，向省政府提起
訴願。

5 不服省政府之行政處分者，向中央主管部、會、行、
處、局、署提起訴願。

6 不服直轄市政府所屬各級機關之行政處分者，向直轄市
政府提起訴願。

7 不服直轄市政府之行政處分者，向中央主管部、會、
行、處、局、署提起訴願。

8 不服中央各部、會、行、處、局、署所屬機關之行政處
分者，向各部、會、行、處、局、署提起訴願。

9 不服中央各部、會、行、處、局、署之行政處分者，向
主管院提起訴願。

10 不服中央各院之行政處分者，向原院提起訴願。

(3)訴願時效

　　應自行政處分達到或公告期滿之次日起三十日內為之（《訴願法》第14條）。

(4)訴願方式程序

　　1訴願為要式行為，訴願人應提出訴願書，載明姓名、年齡、職業、原處分官署及訴願的事實及理由等，另以訴願書副本送達原處分機關（《訴願法》第56條）。

　　2各機關辦理訴願事件，應設訴願審議委員會，由受理訴願機關高級職員及遴聘社會公正人士、學者、專家擔任之；其中社會公正人士、學者、專家人數不得少於二分之一（《訴願法》第52條）。

　　3訴願決定應經訴願審議委員會會議之決議，其決議以委員過半數之出席，出席委員過半數之同意行之（《訴願法》第53條）。

2、再審

(1)理由

　　訴願人、參加人或其他利害關係人得對於確定訴願決定，向原訴願決定機關申請再審（《訴願法》第97條）。

(2)原因（《訴願法》第97條）

　　1適用法規顯有錯誤者。

　　2決定理由與主文顯有矛盾者。

　　3決定機關之組織不合法者。

　　4依法令應迴避之委員參與決定者。

　　5參與決定之委員關於該訴願違背職務，犯刑事上之罪

者。

6 訴願之代理人，關於該訴願有刑事上應罰之行為，影響
於決定者。

7 為決定基礎之證物，係偽造或變造者。

8 證人、鑑定人或通譯就為決定基礎之證言、鑑定為虛偽
陳述者。

9 為決定基礎之民事、刑事或行政訴訟判決或行政處分已
變更者。

10 發見未經斟酌之證物或得使用該證物者。

(3)時效

　　聲請再審，應自訴願決定確定時起三十日內提起。但再審
之事由發生在後或知悉在後者，自知悉時起算。

3、行政訴訟

(1)撤銷訴訟（《行政訴訟法》第4條）

　　人民因中央或地方機關之違法行政處分，認為損害其權利
或法律上之利益，經依訴願法提起訴願而不服其決定，或提起
訴願逾三個月不為決定，或延長訴願決定期間逾二個月不為決
定者，得向高等行政法院提起撤銷訴訟。

(2)給付訴訟

1 《行政訴訟法》第5條：人民因中央或地方機關對其依法
申請之案件，於法令所定期間內應作為而不作為，認為
其權利或法律上利益受損害者，經依訴願程序後，得向
高等行政法院提起請求該機關應為行政處分或應為特定
內容之行政處分之訴訟。

人民因中央或地方機關對其依法申請之案件，予以駁回，認為其權利或法律上利益受違法損害者，經依訴願程序後，得向高等行政法院提起請求該機關應為行政處分或應為特定內容之行政處分之訴訟。

2 《行政訴訟法》第8條：人民與中央或地方機關間，因公法上原因發生財產上之給付或請求作成行政處分以外之其他非財產上之給付，得提起給付訴訟。

(3)確認訴訟（《行政訴訟法》第6條）

確認行政處分無效及確認公法上法律關係成立或不成立之訴訟，非原告有即受確認判決之法律上利益者，不得提起之。

（二）制裁的方法

1、撤銷原處分

受理訴願的機關如認為訴願有理由，得以決定撤銷原處分[2]。在提起行政訴訟後，行政法院如認為有理由，得以判決撤銷原處分或決定[3]。又原處分機關如認為訴願有理由，亦得主動撤銷行政處分，其上級機關亦得依職權撤銷，則不待訴願的決定而解決爭訟。

2、變更原處分

原處分的一部為不當或違法，經將該部分變更處分，可成為適法正當的處分。受理訴願的機關及行政法院均有權為之。即原處分機關亦得主動變更其處分，上級機關且得依職權變更之。

3、損害賠償

(1)國家賠償

　　凡公務員違法侵害人民之自由或權利者，除依法律受懲戒外，應負刑事及民事責任。被害人民就其所受損害，並得依法律向國家請求賠償（《憲法》第24條）。

(2)行政訴訟的損害賠償

　　提起行政訴訟，得於同一程序中，合併請求損害賠償或其他財產上給付（《行政訴訟法》第7條）。審理損害賠償時，準用《民法》的規定，惟「所失利益」[1]不包括在內，此因《行政法》上的損害賠償含有制裁的意味，與《民法》上的填補損害，作用不盡相同。

(3)民法的損害賠償

　　公務員因故意違背對於第三人應執行之職務，致第三人之權利受損害者，負賠償責任。其因過失者，以被害人不能做他項方法受賠償時為限，負其責任（《民法》第186條第1項）。

二、對公務員之制裁

（一）制裁原因（《公務員懲戒法》第2條）

　　1違法。

　　2廢弛職務或其他失職行為。

（二）制裁種類

　　1撤職（《公務員懲戒法》第11條）：除撤其現職外，並

於一定期間停止任用，其期間至少爲一年。

2 休職（《公務員懲戒法》第12條）：休其現職，停發薪給，並不得在其他機關任職，其期間爲六個月以上。休職期滿，許其復職。自復職之日起，二年內不得晉敘、升職或調任主管職務。

3 降級（《公務員懲戒法》第13條）：依其現職之俸給降一級或二級改敘，自改敘之日起，二年內不得晉敘、升職或調任主管職務。受降級處分而無級可降者，按每級差額，減其月俸，其期間爲二年。

4 減俸（《公務員懲戒法》第14條）：依其現職之月俸減百分之十或百分之二十支給，其期間爲六月以上、一年以下。自減俸之日起，一年內不得晉敘、升職或調任主管職務。

5 記過（《公務員懲戒法》第15條）：記過，自記過之日起一年內不得晉敘、升職或調任主管職務。一年內記過三次者，依其現職之俸級降一級改敘，無級可降者，準用第十三條第二項之規定。

6 申誡（《公務員懲戒法》第16條）：申誡，以書面爲之。

三、對人民之制裁

乃人民違反行政法規或行政處分所規定的義務，而受國家的制裁，其方法有行政罰與強制處分二種，分述如次：

（一）行政罰

又稱「秩序罰」，乃為維持行政上之秩序，達成國家行政之目的，而對違反行政義務者所科的制裁。我國制度中作為行政罰的行政制裁約百來種，僅擇要而述：

1、警察罰（《社會秩序維護法》第19條）

乃人民違反警察法規或處分所受的處罰，其處罰的種類如下：

(1)主罰

■拘留（自由罰）：乃對違反社會秩序行為人，科以身體自由的拘束。期間為一日以上，三日以下；遇依法加重時，合計不得逾五日。

■罰鍰（財產罰）：乃對違反社會秩序行為人，科以須繳納一定的金額作為處罰。罰鍰數額為新臺幣三百元以上，三萬元以下；遇有依法加重時，合計不得逾新臺幣六萬元。

■罰役（自由罰）：乃科違警人民以服勞役的處罰，例如表演技藝違反人道，或虐待動物不聽勸阻等。服勞役的時間最少為二小時，最多為八小時，遇有依法加重時，合計不得逾十六小時。

■申誡（精神罰）：乃對違反社會秩序行為人，以書面或言詞為之告誡，屬最輕的警察罰。

(2)從罰

■沒入（財產罰）：乃對違反社會秩序行為人，所用之物

沒收入國庫，沒入的物有二種：

①供違反社會秩序所用的物。

②因違反社會秩序所得的物。

2 停止營業（營業罰）：乃對違反社會秩序行為人，暫停經營其業務。期間為一日以上，二十日以下。

3 勒令歇業（營業罰）：乃對違反社會秩序行為人，永久停止其經營其業務。

2、財政罰

乃人民違反財政上義務所受的處罰，其處罰種類有：

1 罰鍰。

2 加收滯納金。

3 停止營業。

4 沒入。

5 情節重大者，並得依法移送司法機關科處徒刑或拘役。

3、其他行政罰

(1)出版法

對違反規定者，得處以警告、罰鍰、禁止出售散布進口或扣押沒入、定期停止發行、撤銷登記。

(2)電影法

對違反規定者，得處以罰鍰、沒入、扣押電影片或停業處分。

(3)空氣汙染防治法

對違反規定者，處以罰鍰、扣留牌照或吊銷執照。

（二）行政執行

指公法上金錢給付義務、行為或不行為義務之強制執行及即時強制（《行政執行法》第2條）。換言之，當義務人不履行行政法上的義務，行政官署強制其履行，使其實現與履行同一的狀態。惟行政執行時，須符合比例原則[5]。

1、公法上金錢給付義務之強制執行（《行政執行法》第11條）

當義務人依法令或本於法令之處分或法院之裁定，負有公法上金錢給付義務。逾期不履行，經主管機關移送者，由行政執行處就義務人之財產執行之。其情形如下：

❶其處分文書或裁定書定履行期間或有法定履行期間者。

❷其處分文書或裁定書未定履行期間，經以書面限期催告履行者。

❸依法令負有義務，經以書面通知限期履行者。

❹法院依法律規定就公法上金錢給付義務為假扣押、假處分之裁定經主管機關移送者，亦同。

2、行為或不行為義務之強制執行（《行政執行法》第27條）

即依法令或本於法令之行政處分，負有行為或不行為義務，經於處分書或另以書面限定相當期間履行，逾期仍不履行者，由執行機關依間接強制或直接強制方法執行之。

(1)間接強制處分（《行政執行法》第28條第1項）

❶代履行（《行政執行法》第29條）：依法令或本於法令之行政處分，負有行為義務而不為，其行為能由他人代為履行者，執行機關應委託第三人或指定人員代履行

之。前項代履行之費用，由執行機關估計其數額，命義
務人繳納；其繳納數額與實支不一致時，退還其餘額或
追繳其差額。例如雇工拆除違章建築，其因而支出的費
用，向義務人徵收。

2 怠金（《行政執行法》第30條）：依法令或本於法令之
行政處分，負有行為義務而不為，其行為不能由他人代
為履行者，依其情節輕重處新臺幣五千元以上三十萬元
以下怠金。依法令或本於法令之處分，負有不行為義務
而為之者，亦同。簡言之，以怠金代替代履行的原因有
二：

①違反應作為的義務：義務人負有行為義務而不為，且
執行機關或第三人不能代替其行為時，祇能處以罰
鍰，例如應官署傳喚作證而怠於到場。

②違反不作為的義務：義務人負有不作為的義務而為
之，例如營業執照不得借與他人使用，而出借之。

(2)直接強制處分（《行政執行法》第28條第2項）

直接強制的方法如下：

1 扣留、收取交付、解除占有、處置、使用或限制使用動
產、不動產。

2 進入、封閉、拆除住宅、建築物或其他處所。

3 收繳、註銷證照。

4 斷絕營業所必須之自來水、電力或其他能源。

5 其他以實力直接實現與履行義務同一內容狀態之方法。

3、即時強制（《行政執行法》第36條）

行政機關爲阻止犯罪、危害之發生或避免急迫危險，而有即時處置之必要時，得爲即時強制。即時強制方法如下：

(1)對於人之管束（《行政執行法》第37條）

以合於下列情形之一者爲限，且不得逾二十四小時：

1 瘋狂或酗酒泥醉，非管束不能救護其生命、身體之危險，及預防他人生命、身體之危險者。

2 意圖自殺，非管束不能救護其生命者。

3 暴行或鬥毆，非管束不能預防其傷害者。

4 其他認爲必須救護或有害公共安全之虞，非管束不能救護或不能預防危害者。

(2)對於物之扣留、使用、處置或限制其使用

1 物的扣留（《行政執行法》第38條）：軍器、凶器及其他危險物，爲預防危害之必要，得扣留之。扣留之物，除依法應沒收、沒入、毀棄或應變價發還者外，其扣留期間不得逾三十日。但扣留之原因未消失時，得延長之，延長期間不得逾兩個月。扣留之物無繼續扣留必要者，應即發還；於一年內無人領取或無法發還者，其所有權歸屬國庫；其應變價發還者，亦同。

2 物的使用、處置或限制其使用（《行政執行法》第39條）：遇有天災、事變或交通上、衛生上或公共安全上有危害情形，非使用或處置其土地、住宅、建築物、物品或限制其使用，不能達防護之目的時，得使用、處置或限制其使用。

(3)對於住宅、建築物或其他處所之進入（《行政執行法》第40條）

對於住宅、建築物或其他處所之進入，以人民之生命、身體、財產有迫切之危害，非進入不能救護者爲限。例如室內因故著火，非即入侵，不可防止者；再如私設賭場，非侵入不能制止者。

(4)其他依法定職權所爲之必要處置。

第三節　刑法的制裁

即國家對於犯罪行爲所爲之處罰，以確保法律維護權利之效力。

一、刑罰

刑分爲主刑及從刑（《刑法》第32條）。科刑時應審酌一切情狀，尤應注意犯罪之動機、犯罪之目的、犯罪時所受之刺激、犯罪之手段、犯人之生活狀況、犯人之品行、犯人之智識程度、犯人與被害人平日之關係、犯罪所生之危險或損害、犯罪後之態度，爲科刑輕重之標準（《刑法》第57條）。

（一）主刑（《刑法》第33條）

乃獨立科處的刑罰，又可區分成生命刑、自由刑與財產刑三類。

1、生命刑

又稱「死刑」，即剝奪犯罪行為人生命的刑罰。

(1)唯一死刑的罪

　　❶強姦殺人者（《刑法》第223條）。

　　❷犯海盜罪而有放火、強姦、擄人勒贖，或故意殺人行為
　　　之一者（《刑法》第334條）。

　　❸擄人勒贖又故意殺人者（《刑法》第348條第1項）。

(2)例外

我國刑法對十八歲未滿，八十歲以上的罪犯，不處死刑，
其本刑為死刑者，減輕其刑（《刑法》第63條第1項）。但未滿
十八歲人犯「殺直系血親尊親屬者」不適用前述之規定（《刑法》
第63條第2項）。

2、自由刑（《刑法》第33條）

自由刑為剝奪人身自由的刑罰，依我國《刑法》的規定，
其種類有三：

(1)無期徒刑

即監禁犯罪行為人終身，為自由刑中最重的刑罰。

(2)有期徒刑

即監禁犯罪行為人二月以上、十五年以下。但遇有加減
時，得減至二月未滿，或加至二十年（《刑法》第33條第1項第
3款）。另犯最重本刑為三年以下有期徒刑以下之刑之罪，而受
六月以下有期徒刑之宣告，因身體、教育、職業或家庭之關
係，執行顯有困難者，得以一元以上三元以下折算一日，易科
罰金（《刑法》第41條）。

(3)拘役

即監禁犯罪行為人一日以上，二月未滿，但遇有加重時，得加至四個月（《刑法》第33條第1項第4款）。受拘役的宣告，而犯罪動機在公益或道義上顯可寬恕者，得易以訓誡（《刑法》第43條）。受拘役之宣告時，因身體、教育、職業或家庭之關係，執行顯有困難者，得以一元以上三元以下折算一日，易科罰金（《刑法》第41條）。

3、財產刑

罰金

乃對於一定之犯罪行為，以判決方式令犯人繳納一定金錢之刑罰。依刑法之規定，罰金數額最低額為一元以上（《刑法》第33條第1項第5款）。而其最高額均分設於刑法分則有關各條中，並由審判之法官應審酌（司法裁量）犯人之資力及犯罪所得之利益，如所得之利益超過罰金最多額時，得於所得利益之範圍內酌量加重（《刑法》第58條）。此外，受罰金之宣告，而犯罪動機在公益或道義上顯可宥恕者，得易以訓誡（《刑法》第43條）。罰金應於裁判確定後兩個月內完納。期滿而不完納者，強制執行。其無力完納者，易服勞役。易服勞役以一元以上三元以下，折算一日，但勞役期限不得逾六個月（《刑法》第42條）。我國刑法對於罰金種類可區分為四：

1 專科罰金：即法律所規定之刑罰僅為罰金一種，而不得科處其他主刑。如《刑法》第266條第1項前段規定：「在公共場所或公眾得出入之場所賭博財物者，『處一千元以下罰金』。」

2 選科罰金：即法官在科處刑罰時，可在罰金與他種主刑

並列之下，任選一種。如《刑法》第356條：「債務人於
將受強制執行之際，意圖損害債權人之債權，而毀壞、
處分或隱匿其財產者，處『二年以下有期徒刑』、『拘役』
或『五百元以下罰金』。」

3 併科罰金：即科處其他主刑之外，又加科罰金。如《刑
法》第267條：「第二百六十七條以賭博為常業者，『處
二年以下有期徒刑』，『得併科一千元以下罰金』。」

4 易科罰金：犯最重本刑為三年以下有期徒刑以下之刑之
罪，而受六月以下有期徒刑或拘役之宣告，因身體、教
育、職業或家庭之關係，執行顯有困難者，得以一元以
上三元以下折算一日，易科罰金（《刑法》第41條）。

（二）從刑

1、資格刑

(1)褫奪公權（《刑法》第34條第1項第1款）

　　資格刑乃剝奪犯人享受公權的資格，其內容與方式如下：

1 剝奪的內容（《刑法》第36條）：
　①公務員的資格。
　②公職候選人的資格。
　③行使選舉、罷免、創制、複決四權的資格。

2 剝奪的方式（《刑法》第37條）：
　①終身褫奪：宣告死刑或無期徒刑者，宣告褫奪公權終
　　身。
　②有期褫奪：宣告六月以上有期徒刑，依犯罪之性質認
　　為有褫奪公權之必要者，宣告褫奪公權一年以上十年

以下。

2、財產刑

沒收（《刑法》第38條）

乃將犯人之物沒入國庫，沒收之物有下列三種：

1 違禁物：不問是否屬於犯人所有，一律沒收。如罪犯使用的毒品或槍械等。

2 供犯罪所用或供犯罪預備之物：

①供犯罪所用之物：即實行犯罪行為時所使用之物，屬犯罪工具，自應沒收，如搶劫超商所用的刀械。

②供犯罪預備之物：即實行犯罪行為所準備之物，但尚未使用，如意圖縱火而儲備的汽油。

3 因犯罪所得之物：如公務人員利用職權所得之賄賂、非法經營賭場所得之金錢，一律沒收，但以屬於犯人為限。

二、保安處分

乃國家為維護社會安全，預防犯罪的發生，而對特定具有危險性但不便科以刑罰的人，或對其科以刑罰仍無法改善其犯罪行為習性的人，採取刑罰以外之方法代替或補充刑罰。依我國刑法的規定，保安處分可分下列七種：

（一）感化處分（《刑法》第86條）

1、對象

1 因未滿十四歲而不罰者，得令入感化教育處所，施以感化教育。

2 因未滿十八歲而減輕其刑者，得於刑之執行完畢或赦免後，令入感化教育處所，施以感化教育。但宣告三年以下有期徒刑、拘役或罰金者，得於執行前為之。且依感化教育之執行，認為無執行刑之必要者，得免其刑之執行。

2、期限

感化教育期間為三年以下。

（二）監護處分（《刑法》第87條）

1、對象

1 因心神喪失而不罰者，得令入相當處所，施以監護。

2 因精神耗弱或瘖啞而減輕其刑者，得於刑之執行完畢或赦免後，令入相當處所，施以監護。

2、期限

處分期間為三年以下。

（三）禁戒處分

1、對象

1 犯吸食鴉片或施打嗎啡或使用高根、海洛因或其化合質料之罪者，得令入相當處所，施以禁戒。前項處分於刑之執行前為之，且依禁戒處分之執行，法院認為無執行刑之必要者，得免其刑之執行（《刑法》第88條）。

2 因酗酒而犯罪者，得於刑之執行完畢或赦免後，令入相當處所，施以禁戒（《刑法》第89條）。

2、期限

1 犯吸食鴉片或施打嗎啡或使用高根、海洛因或其化合質料之罪者之禁戒處分，其期間為六個月以下（《刑法》第88條）。

2 因酗酒而犯罪者之禁戒處分，其期間為三個月以下（《刑法》第89條）。

（四）強制工作處分（《刑法》第90條）

1、對象

有犯罪之習慣或以犯罪為常業或因遊蕩或懶惰成習而犯罪者，得於刑之執行完畢或赦免後，令入勞動場所，強制工作。

2、期限

期間為三年以下。

（五）強制治療處分（《刑法》第91條）

1、對象（《刑法》第285條）

明知自己有花柳病或麻瘋，隱瞞而與他人爲猥藝之行爲或姦淫，致傳染於人者（得處一年以下有期徒刑、拘役或五百元以下罰金），得令入相當處所，強制治療。

2、期限

於刑罰之執行前爲之，其期間至治癒時爲止。

（六）保護管束

1、對象

❶受緩刑[6]之宣告者，在緩刑期內得付保護管束（《刑法》第92條）。

❷假釋[7]出獄者，在假釋中付保護管束（《刑法》第92條）。

❸受感化、監護、禁戒、工作、治療之處分者，按其情形得以保護管束代之（《刑法》第93條）。

2、期限

❶受緩刑之宣告或假釋出獄者：違反保護管束規則情節重大者，得撤銷緩刑之宣告或假釋（《刑法》第92條）。

❷受感化、監護、禁戒、工作、治療之處分者：期間爲三年以下，其不能收效者得隨時撤銷之，仍執行原處分（《刑法》第93條）。

3、執行機構（《刑法》第94條）

保護管束，交由警察官署、自治團體、慈善團體、本人之最近親屬或其他適當之人行之。

（七）驅逐處分（《刑法》第95條）

外國人受有期徒刑以上刑之宣告者，得於刑之執行完畢或赦免後，驅逐出境。

三、時效

係指國家因期間內不行使，而喪失對犯罪行為人的追訴權或行刑權。

（一）追訴權喪失的原因（《刑法》第80條）

因下列期間內不行使而消滅，前項期間自犯罪成立之日起算。但犯罪行為有連續或繼續之狀態者，自行為終了之日起算。

1 死刑、無期徒刑或十年以上有期徒刑者：二十年。
2 三年以上十年未滿有期徒刑者：十年。
3 一年以上三年未滿有期徒刑者：五年。
4 一年未滿有期徒刑者：三年。
5 拘役或罰金者：一年。

（二）行刑權喪失之原因（《刑法》第84條）

行刑權因下列期間內不行使而消滅，前項期間，自裁判確

定之日起算。

1 死刑、無期徒刑或十年以上有期徒刑者：三十年。

2 三年以上十年未滿有期徒刑者：十五年。

3 一年以上三年未滿有期徒刑者：七年。

4 一年未滿有期徒刑者：五年。

5 拘役、罰金或專科沒收者：三年。

第四節　民法的制裁

係指違反《民法》所規定的行為（包括作為與不作為），而受到的制裁。

一、權利上的制裁

（一）身分權的剝奪

我國《民法》第148條規定：「權利的行使，不得以損害他人為主要目的。」違反之，則屬權利的濫用。故當父母濫用其對子女的權利時，若糾正無效，得停止其權利（《民法》第1090條）。

（二）人格權的剝奪

乃指法人的解散，即法人的目的或其行為，違反法律或公序良俗。法院得因主管官署、檢察官或利害關係人的申請，解

散法人（《民法》第36條）。

（三）解除契約

《民法》第255條規定：「依契約之性質或當事人之意思表示，非於一定時期爲給付不能達其契約之目的，而契約當事人之一方不按照時期給付者，他方當事人得不爲前條之催告，解除其契約。」換言之，即當事人一方依法律的規定，或契約的訂定以意思表示使契約發生自始消滅的意思。一般契約解除，皆因契約當事人的一方未履行其債務而發生。

（四）無效

即法律行爲缺乏法律上之有效要件，故不生法律效力（自始就無效）。例如，法律行爲違反公共秩序或善良風俗者，無效（《民法》第72條）；結婚未具備公開之儀式和二人以上之證明者，無效（《民法》第988條）。法律行爲是否爲無效，法律均有明文規定。

（五）撤銷

即法律行爲因意思表示有瑕疵，有撤銷權人自始消滅其效力（未撤銷前有效；經撤銷後無效，並溯及未撤銷前）。例如，男未滿十八歲，女未滿十六歲而爲結婚行爲，則當事人或其法定代理人得向法院請求撤銷之（《民法》第989條）；又如，因被詐欺或被脅迫而爲意思表示，表意人得撤銷之（《民法》第92條）。法律行爲是否得撤銷，法律均有明文規定。

（六）回復權利

所有人對於無權占有或侵奪其所有物者，得請求返還之；對於妨害其所有權者，得請求除去之；有妨害其所有權之虞者，得請求防止之（《民法》第767條）。故對於侵奪人而言，自為制裁。

二、財產上的制裁

（一）損害賠償

《民法》第184條規定：「因故意或過失，不法侵害他人之權利者，負損害賠償責任。故意以背於善良風俗之方法，加損害於他人者，亦同。」損害賠償為民事制裁的主要方法，並採兩種方式為之：

1、回復原狀

《民法》第213條第1項規定：「負損害賠償責任者，除法律另有規定或契約另有訂定外，應回復他方損害發生前之原狀。」蓋回復原狀為損害賠償的最佳方法，如損壞別人的手機，則購買相同的手機賠償。

2、金錢賠償

《民法》第215條規定：「不能回復原狀或回復顯有重大困難者，應以金錢賠償其損害。」

如不法侵害他人之身體、健康、名譽或自由者，被害人雖非財產上之損害，亦得請求賠償相當之金額（《民法》第195

條)。

(二) 返還利益

《民法》第179條規定:「無法律上之原因而受利益,致他人受損害者,應返還其利益。雖有法律上之原因,而其後已不存在者,亦同。」故不當得利之受領人,除返還其所受之利益外,如本於該利益更有所取得者,並應返還。但依其利益之性質或其他情形不能返還者,應償還其價額(《民法》第181條)。

三、其他制裁

(一) 拘束管收

當權利人之權利受侵害,於特殊情形下,法律容許自力或公力救濟,得拘束或管收他人。

1、拘束自由

權利人為保護自己權利,得拘束他人的自由或押收他人的財產,即民法所規定的自助行為,但須符合下列三條件:

1 不及受官署援助(《民法》第151條)。

2 非於其時為之,實行請求權顯有困難(《民法》第151條)。

3 須即時向官署聲請援助(《民法》第152條)。

2、拘提債務人(《強制執行法》第22條)

債務人有下列情形之一者,執行法院得拘提之:

1 顯有履行義務之可能故不履行者。

2 顯有逃匿之虞者。

3 就應供強制執行之財產有隱匿或處分之情事者。

4 於調查執行標的物時，對於法官或書記官拒絕陳述者。

5 違反強制執行法第二十條[8]之規定，不為報告或為虛偽之
報告者。

（二）強制執行

當債務人不履行給付的義務，債權人得請求法院強制其履
行。其方法可分一般財產權的執行與行為與不行為的執行兩
種：

1、財產權的執行

可分動產、不動產與其他財產權的執行三種：

(1)動產（《強制執行法》第45條）

執行動產的方法有查封、拍賣、變賣三種。

(2)不動產（《強制執行法》第75條）

執行不動產的方法有查封、拍賣、強制管理三種。

(3)其他財產權的執行

1 禁止收取債權，清償債務（《強制執行法》第115條）：
禁止債務人向第三人收取債權，並禁止第三人向債務人
清償債務。

2 禁止處分或交付移轉（《強制執行法》第116條）：禁止
債務人處分第三人交付或移轉的動產或不動產，並禁止
向第三人為上述的交付或移轉。

3 其他（《強制執行法》第117條）：執行《強制執行法》

　　第115條與第116條所述以外的財產權時，準用該二條之
方法。執行法院並得酌量情形，命令讓與或管理，而以
讓與價金或管理之收益清償債權人。

2、行為與不行為的執行

(1)命第三人代為履行（《強制執行法》第127條）

　　債務人應爲一定行爲而不爲，執行法院得以債務人的費
用，命第三人代爲履行。

(2)債務履行期或損害賠償（《強制執行法》第128條）

　　債務人的行爲不能由他人代替履行，執行法院另定債務履
行期間，逾期不履行。則應賠償損害的數額。

(3)拘提管收（《強制執行法》第129條）

　　禁止債務人爲一定的行爲，或債務人須容忍他人的行爲，
債務人不履行時，執行法院得拘提管收之。

(4)視為已為意思表示（《強制執行法》第130條）

　　債務人須爲一定意思表示而不爲者，視爲自判決確定時起
已爲意思表示。

（三）強制履行

　　即義務人應履行義務而不履行，不能以金錢賠償或代替履
行時，執行法院得直接強制其履行義務。例如名畫家怠於履行
其交畫的債務，影星未履行拍片的義務等，均不能代替履行。
但此種特別涉及當事人個性與意志的案件，強制履行非必然發
生效果，例如履行夫妻同居的義務而拒不履行。

註釋

[1]行政處分：係指中央或地方機關就公法上具體事件所爲之決定或其他
公權力措施而對外直接發生法律效果之單方行政行爲（《訴願法》第3
條第1項）。

[2]《訴願法》第81條：「訴願有理由者，受理訴願機關應以決定撤銷原
行政處分之全部或一部，並得視事件之情節，逕爲變更之決定或發回
原行政處分機關另爲處分。但於訴願人表示不服之範圍內，不得爲更
不利益之變更或處分。前項訴願決定撤銷原行政處分，發回原行政處
分機關另爲處分時，應指定相當期間命其爲之。」

[3]《行政訴訟法》第201條：「行政機關依裁量權所爲之行政處分，以其
作爲或不作爲逾越權限或濫用權力者爲限，行政法院得予撤銷。」

[4]《民法》第216條（法定損害賠償範圍）：損害賠償，除法律另有規定
或契約另有訂定外，應以填補債權人所受損害及所失利益爲限。依通
常情形，或依已定之計劃、設備或其他特別情事，可得預期之利益，
視爲所失利益。

[5]《行政執行法》第3條：「行政執行，應依公平合理之原則，兼顧公共
利益與人民權益之維護，以適當之方法爲之，不得逾達成執行目的之
必要限度。」

[6]緩刑（《刑法》第74條）：指犯罪輕微，以暫不執行爲當者，得延緩其
刑之執行。但在緩刑期內再犯有期徒刑以上之罪，或緩刑前犯他罪，
而在緩刑期內受有期徒刑以上刑之宣告者，撤銷緩刑之宣告。緩刑須
具備以下條件：

1.受二年以下有期徒刑、拘役或罰金之宣告。

2.未曾受有期徒刑以上刑之宣告。

3.曾受有期徒刑以上刑之宣告，執行完畢，或赦免後五年內，未曾受有

期徒刑以上刑之宣告。

[7]假釋（《刑法》第77條）：指受徒刑之執行而有悛悔之實據者，由監獄報請法務部，得許假釋出獄。但在假釋期間犯罪，受有期徒刑之宣告者，得撤銷其假釋。假釋之條件：

1.受徒刑之執行而有悛悔實據者。

2.無期徒刑逾十五年、累犯逾二十年，有期徒刑逾二分之一、累犯逾三分之二者。

[8]《強制執行法》第20條：「已發見之債務人財產不足抵償聲請強制執行之債權或不能發現債務人應交付之財產時，執行法院得因債權人之聲請，定期間命債務人據實報告該期間屆滿前一年內應供強制執行之財產狀況。」

參考文獻

中文書目

Berman, Harold J.著，梁治平譯（1991），《法律與宗教》，北京市：新華。

Coleman, Howard & Swenson, Eric 著，何美瑩譯（1999），《法庭上的DNA》，臺北市：商周。

Corwin, Edward S.著，廖天美譯（1992），《美國憲法釋義》，臺北市：結構群。

Cotterrell, Roger 著，結構群譯（1991），《法律社會學導論》，臺北市：結構群。

Dworkin, Ronald 著，李長青譯（1996），《法律帝國》，北京市：中國大百科全書出版社。

Maine, H. S.著，方孝嶽、鍾建閎譯（1932），《古代法》，上海市：商務。

Tiger, Michael E. & Levy, Madeleine R.著，紀琨譯（1996），《法律與資本主義的興起》，上海市：新華。

尹章華編著（1998），《領海及鄰接區法逐條釋義》，臺北市：文笙。

王海南等著（2000），《法學入門》，臺北市：月旦。

王澤鑑（1994），《民法實例研習：基礎理論》，臺北市：著者。

王澤鑑（1995），《民法實例研習：民法總則》，臺北市：著
　　　者。

丘宏達主編（1978），《現代國際法》，臺北市：三民。

丘宏達編輯（1996），《現代國際法參考文件》，臺北市：三
　　　民。

李融鴻編（1994），《罪與罰表解》，臺北市：五南。

杜蘅之（1983），《國際法大綱》，臺北市：臺灣商務。

沈宗靈（1994），《法理學》，臺北市：五南。

林紀東（1989），《法學緒論》，臺北市：五南。

吳庚，（1999），《行政法之理論與實用》，臺北市：三民。

城仲模主編（1997），《行政法之一般法律原則》，臺北市：三
　　　民。

姚淇清（1980），《法學緒論》，臺北市：三民。

施啓揚（1996），《民法總則》，臺北市：著者。

洪遜欣（1991），《法理學》，臺北市：三民。

翁岳生編（1998），《行政法》，臺北市：著者。

國民大會秘書處（1996a），《世界各國憲法大全（第一冊）》，
　　　臺北市：國民大會秘書處。

國民大會秘書處（1996b），《世界各國憲法大全（第二冊）》，
　　　臺北市：國民大會秘書處。

國民大會秘書處（1996c），《世界各國憲法大全（第三冊）》，
　　　臺北市：國民大會秘書處。

國民大會秘書處（1996d），《世界各國憲法大全（第四冊）》，
　　　臺北市：國民大會秘書處。

曹競輝（1987），《法理學》，臺北市：五南。

梁宇賢編著（1993），《法學緒論》，臺北市：編著者。

梁淑英（1994），《國際公法》，北京市：中國政法大學。

梁慧星（1999），《民法解釋學》，臺北市：五南。

陳仟萬編著（1996），《法學緒論》，臺北市：文笙。

陳治世（1995），《國際法》，臺北市：臺灣商務。

陳麗娟（1999），《法學概論》，臺北市：五南。

傅崑成（1994），《聯合國海洋法公約暨全部附件》，臺北市：
　　123資訊。

彭鳳至（1986），《情事變更原則之研究》，臺北市：五南。

黃茂榮（1982），《法學方法與現代民法》，臺北市：著者。

黃茂榮（1987），《法律漏洞及其補充的方法》，臺北市：植
　　根。

楊仁壽（1986），《法學方法論》，臺北市：著者。

管歐（1996），《法學緒論》，臺北市：五南。

管歐等編著（1997），《法律類似語辨異》，臺北市：五南。

翟楚（1982），《國際私法》，臺北市：正中。

趙維田（1991），《國際航空法》，臺北市：水牛。

劉俊麟編著（1996），《法規解釋實務》，臺北市：書泉。

鄭玉波（1991），《法學緒論》，臺北市：三民。

鄭玉波譯解（1986），《法諺》，臺北市：三民。

謝政道（1999），《孫中山之憲政思想》，臺北市：五南。

謝政道（2001），《中華民國修憲史》，臺北市：揚智。

謝瑞智（1991），《法律大辭典》，臺北市：著者。

謝瑞智（2000），《民法總則》，臺北市：正中。

韓忠謨（1962），《法學緒論》，臺北市：著者。

羅傳賢（1996），《立法程序與技術》，臺北市：五南。

中文期刊

史尚寬（1960），〈論修改憲法與非修改憲法之分〉，《中國一周》，第517期。

田炯錦（1960），〈論修改憲法與創建例規〉，《法學叢刊》，第17期。

任卓宣（1960），〈臨時條款底性質與修改〉，《政治評論》，第3卷，第12期。

林文雄（1995），〈法理學的性格、功用與課題〉，《月旦法學》，第3卷，第7期。

陳啓垂（2000），〈外國判例之承認〉，《銘傳大學展望新世紀國際學術研討會論文集》，頁111-35。

陳新民（1988），〈國民「抵抗權」的制度與概念〉，《政大法學論叢》，第37期。

楊皓清（1999），〈憲法變遷與憲法時刻之理論〉，《憲政時代》，第24卷，第2期。

網際網路

http://wjirs.judicial.gov.tw/jirs/rule.asp

http://www.ey.gov.tw/

http://www.ly.gov.tw/reader/?MIval=cw_usr_view_Folder&ID=14

http://www.nasm.gov.tw/

http://www.ncl.edu.tw/f1.htm

英文書目

Hart, H. L. A., (1978), *The Concept of Law*, Oxford Univ. Press.

Friedmann, W., (1975), *Legel Theory*, 臺北市：馬陵。

Kelsen Hans, (1961), *General Theory of Law and State*, translated by
　　Anders Wedbery, N. Y.: Russell & Rusell.

Post, C. Gordon, (1963), *An Introduction to the Law*, N. J.: Prentice-
　　Hall, Inc.

Shklar, Judith N., (1986), *Legalism*, Harvard Univ. Press.

POLIS 系列　16

法學緒論

作　　　者／謝政道
出　版　者／揚智文化事業股份有限公司
發　行　人／葉忠賢
總　編　輯／林新倫
執行編輯／晏華璞
登　記　證／局版北市業字第 1117 號
地　　　址／台北市新生南路三段 88 號 5 樓之 6
電　　　話／(02)2366-0309
傳　　　真／(02)2366-0310
網　　　址／http://www.ycrc.com.tw
　E-mail　／book3@ycrc.com.tw
郵撥帳號／19735365
戶　　　名／葉忠賢
法律顧問／北辰著作權事務所　蕭雄淋律師
印　　　刷／偉勵彩色印刷股份有限公司
ＩＳＢＮ／957-818-388-7
初版一刷／2002 年 6 月
初版二刷／2003 年 2 月
定　　　價／新台幣 300 元

國家圖書館出版品預行編目資料

法學緒論 ＝ Introduction to the study of law／
謝政道著. - - 初版. - -臺北市：揚智文化，
2002〔民 91〕
　　面：　　公分. - -（POLIS；16）
參考書目：面

　ISBN　957-818-388-7（平裝）

　1.法律

580　　　　　　　　　　　　　　　91004876

§ 揚智文化事業股份有限公司 §

中國人生叢書

全套29本,共7350元

A0101	蘇東坡的人生哲學—曠達人生	范 軍/著	NT:250B/平
A0102A	諸葛亮的人生哲學 智聖人生	曹海東/著	NT:250B/平
A0103	老子的人生哲學—自然人生	戴健業/著	NT:250B/平
A0104	孟子的人生哲學—慷慨人生	王耀輝/著	NT:250B/平
A0105	孔子的人生哲學—執著人生	李 旭/著	NT:250B/平
A0106	韓非子的人生哲學—權術人生	阮 忠/著	NT:250B/平
A0107	荀子的人生哲學—進取人生	彭萬榮/著	NT:250B/平
A0108	墨子的人生哲學—兼愛人生	陳 偉/著	NT:250B/平
A0109	莊子的人生哲學—瀟灑人生	揚 帆/著	NT:250B/平
A0110	禪宗的人生哲學—頓悟人生	陳文新/著	NT:250B/平
A0111B	李宗吾的人生哲學—厚黑人生	湯江浩/著	NT:250B/平
A0112	曹操的人生哲學—梟雄人生	揚 帆/著	NT:300B/平
A0113	袁枚的人生哲學—率性人生	陳文新/著	NT:300B/平
A0114	李白的人生哲學—詩酒人生	謝楚發/著	NT:300B/平
A0115	孫權的人生哲學—機智人生	黃忠晶/著	NT:250B/平
A0116	李後主的人生哲學—浪漫人生	李中華/著	NT:250B/平
A0117	李清照的人生哲學—婉約人生	余莭芳、舒 靜/著	NT:250B/平
A0118	金聖嘆的人生哲學—糊塗人生	周 劼/著	NT:200B/平
A0119	孫子的人生哲學—謀略人生	熊忠武/著	NT:250B/平
A0120	紀曉嵐的人生哲學 寬恕人生	陳文新/著	NT:250B/平
A0121	商鞅的人生哲學—權霸人生	丁毅華/著	NT:250B/平
A0122	范仲淹的人生哲學—憂樂人生	王耀輝/著	NT:250B/平
A0123	曾國藩的人生哲學—忠毅人生	彭基博/著	NT:250B/平
A0124	劉伯溫的人生哲學—智略人生	陳文新/著	NT:250B/平
A0125	梁啓超的人生哲學—改良人生	鮑 風/著	NT:250B/平
A0126	魏徵的人生哲學—忠諫人生	余和祥/著	NT:250B/平
A0127	武則天的人生哲學—女權人生	陳慶輝/著	NT:200B/平
A0128	唐太宗的人生哲學—守靜人生	陳文新/等著	NT:300B/平
A0129	徐志摩的人生哲學—情愛人生	劉介民/著	NT:250B/平

社會叢書

社工叢書

生命・死亡教育叢書

電影學苑

比較教育叢書

POLIS系列

歐洲智庫

Cultural Map

A4402	新時代的宗教	周慶華/著	NT:270B/平
A4403	後現代情境	張國清/著	NT:220B/平
A4404	如影隨形—影子現象學	羅珮甄/譯	NT:260B/平
A4405	宗教政治論	葉永文/著	NT:300B/平
A4406	心靈哲學導論	蔡維民/著	NT:250B/平
A4407	中國符號學	周慶華/著	NT:300B/平
A4408	懷德海哲學入門	楊士毅/著	NT:380B/平
A4409	華山論劍—名人名家讀金庸（上）	王敬三/主編	NT:250B/平
A4410	倚天既出，誰與爭鋒—名人名家讀金庸（下）	王敬三/主編	NT:200B/平
A4411	戰後台灣新世代文學論	朱雙一/著	NT:500B/平

公共圖書館

A4501	發現地球的故事—房龍的地理書	房　龍/著	NT:500B/精
A4502	書的敵人	葉靈鳳/譯	NT:200B/平

五線譜系列

A4601	古典樂欣賞—樂器篇	蔣理容/著	NT:280B/平
A4602	古典樂欣賞—人物篇	蔣理容/著	NT:280B/平
A4603	音樂親子遊	蔣理容/著	NT:350B/平
A4604	音樂與文學的對話	蔣理容/著	NT:350B/平